U0129267

陳福成編

文學叢刊

三世因緣書畫集

——芳香幾世情

文史哲出版社印行

國家圖書館出版品預行編目資料

三世因緣書畫集：芳香幾世情 / 陳福成編. -- 初版 --
臺北市：文史哲，民 104.01
頁；　公分（文學叢刊；339）
ISBN 978-986-314-234-8（平裝）

1.書畫 2.作品集

941.6　　　　103027491

文學叢刊 339

三世因緣書畫集
— 芳香幾世情

編　者：陳　福　成
出版者：文史哲出版社
http://www.lapen.com.tw
e-mail:lapen@ms74.hinet.net
登記證字號：行政院新聞局版臺業字五三三七號
發行人：彭　正　雄
發行所：文史哲出版社
印刷者：文史哲出版社
臺北市羅斯福路一段七十二巷四號
郵政劃撥帳號：一六一八〇一七五
電話886-2-23511028・傳真886-2-23965656

定價新臺幣三六〇元

中華民國一〇四年（2015）一月初版

著財權所有・侵權者必究
ISBN 978-986-314-234-8　　09339

自序

——本書編者的心聲

我離開軍隊後，開始接觸文人雅士的詩書世界，獲得不少詩人、畫家饋贈的作品，人家願意把自己上好的作品相贈，當然有敬重、仰慕、交流等各種原因，但我視為這是一份盛情，是修了幾世才有的好因緣。

如此的盛情、好緣，無價的友誼，多年來我心中牽念著如何「回報」這些朋友？我總不能拿了東西和人家照張相，便從此沒下文、無消息了！

於是，我把這些詩書畫作品，正式編成本書出版發行，寄送相贈作品的朋友，表達我的感謝之意。

（台北公館蟾蜍山萬盛草堂主人　陳福成　誌於二〇一五年春）

三世因緣書畫集：芳香幾世情　目次

一、上善若水 厚德載重物

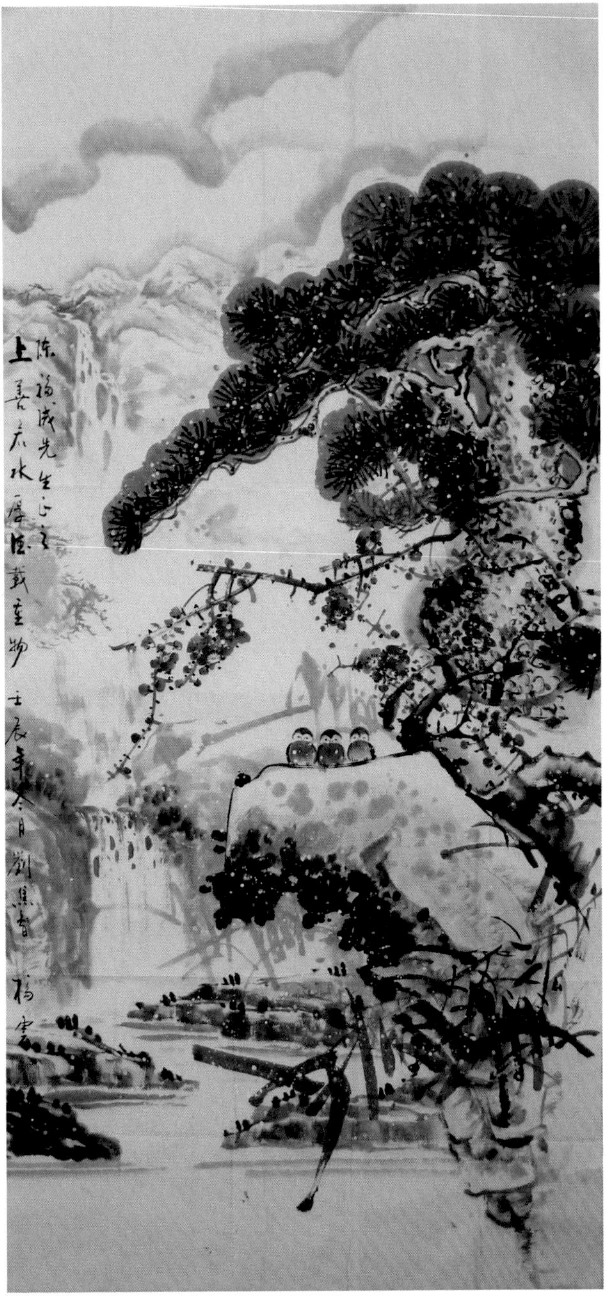

二、富貴花開

三、如魚得水

四、私語

五、陳能梨的賀壽

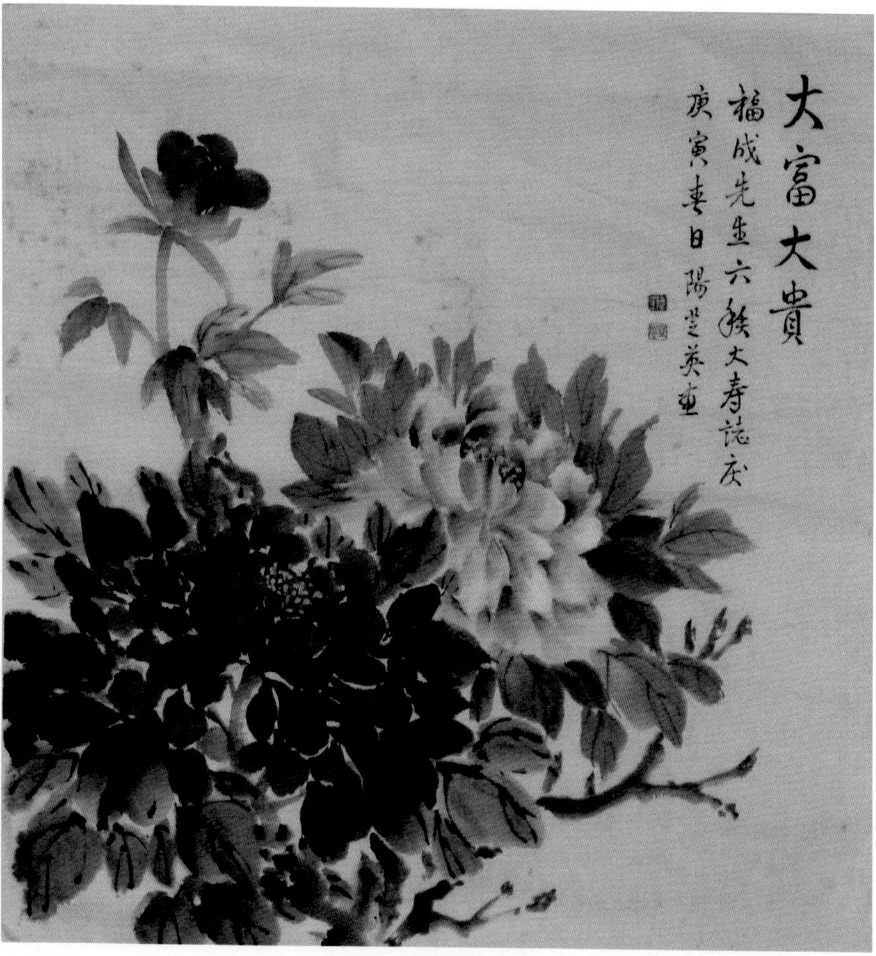
大富大貴
福成先生六秩大壽誌慶
庚寅春日陽芝英畫

六、大富大貴

七、童榮南的祝賀

八、童榮南贈畫

九、童榮南作品

十、童榮南作品

十一、范世平作品

芮城文化人范世平先生對陳福成先生的敬仰詩

著書如飛馬　屈指數君賢　常懷志萬卷　大義天地間

頌臺北本肇居士陳福成先生著作《在鳳梅人小橋上》，
觀後受啟發，作拙詩一首，望教授正之。

辛卯梅月古魏世平書

十二、書香永留情

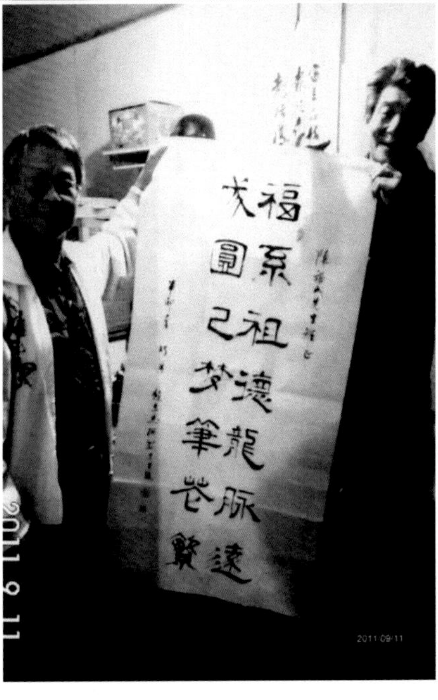

十三、書香永留情

十四、書香永留情

十五、書香永留情

上圖：十六、芮城情緣
左圖：十七、詩篇千古留

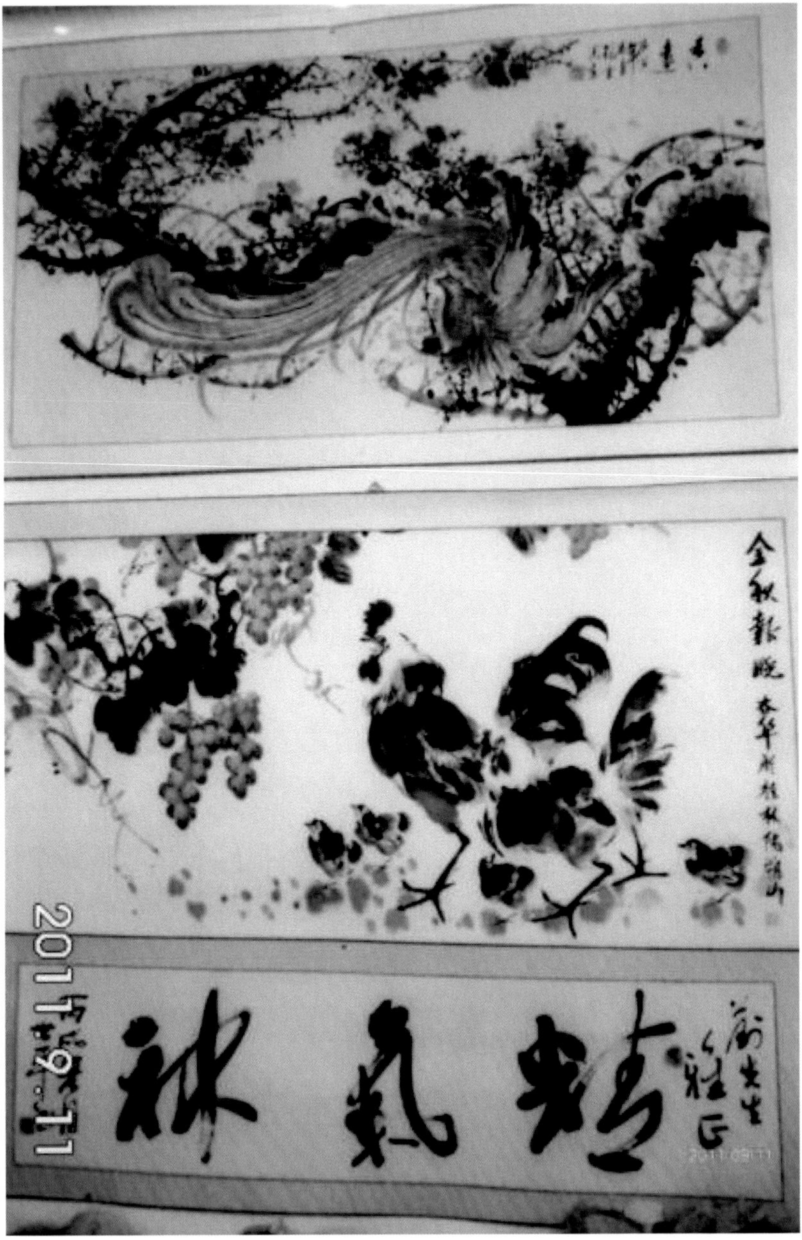

十八、精氣神

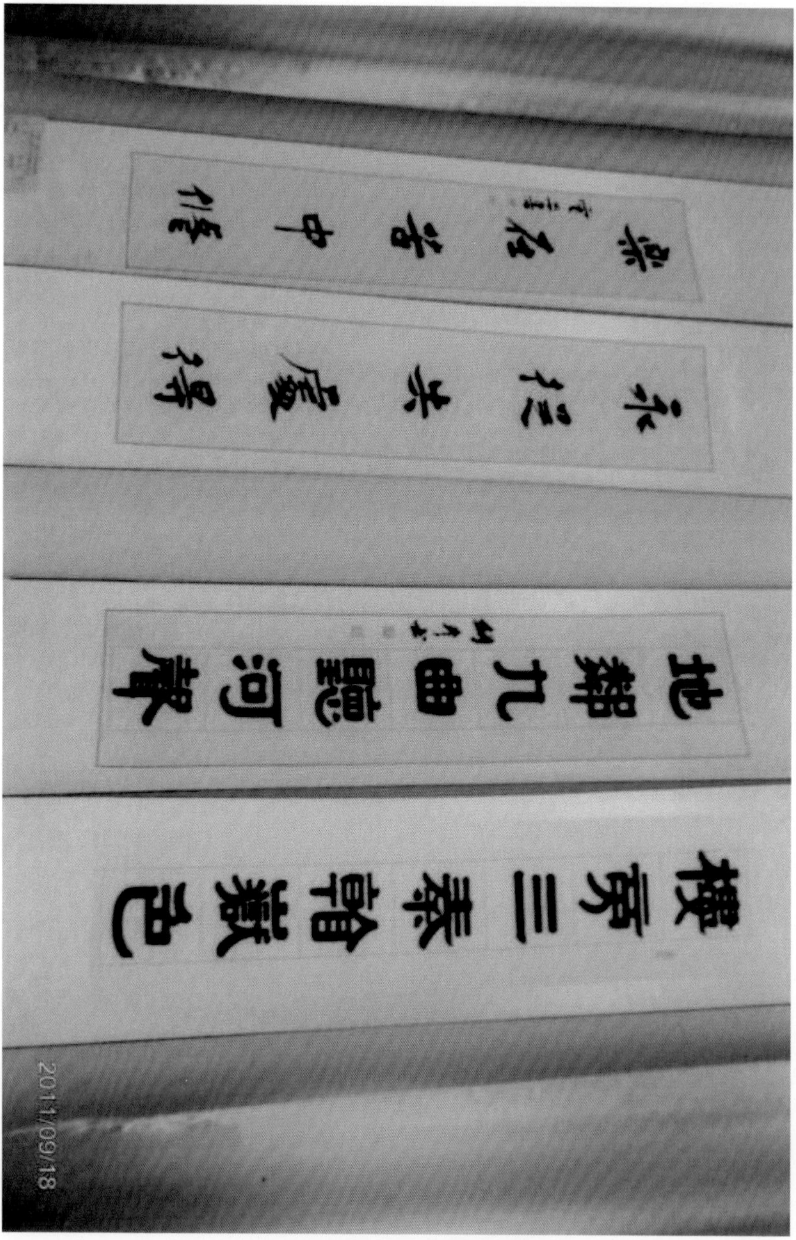

十九、地鄰九曲聽河聲

二十、芮城情

廿一、芮城情

廿二、芮城情

廿三、芮城情

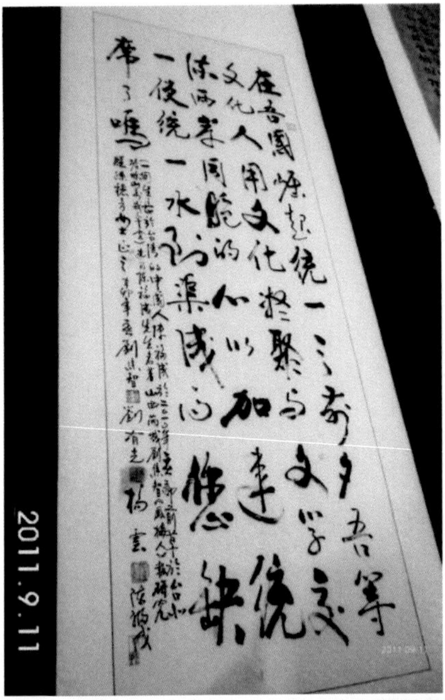

左圖：廿四、在吾國崛起統一之前夕

下圖：廿五、芮城情

廿六、芮城情

廿七、芮城情

廿八、芮城情

廿九、李金銘作品

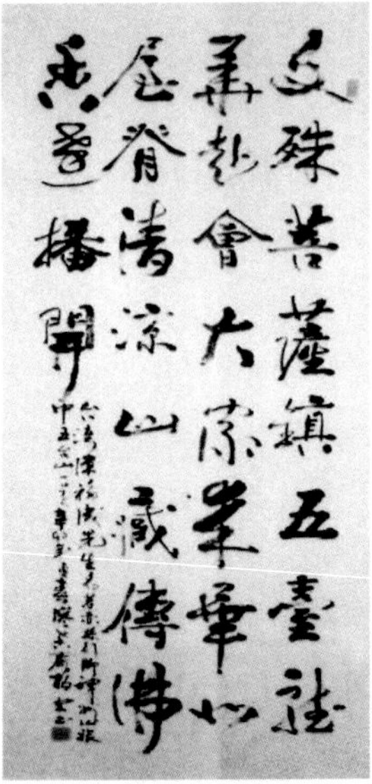

臺灣陳福成名詩(楊雲書)
電話:13096611505

三十、楊雲書法陳福成詩

卅一、芮城情

卅二、芮城情

卅三、古魏世平作品

著書如飛馬　屈指數君賢

開懷志萬卷　大義天地間

頌臺中本肇居士陳福成先生著作《在鳳梅人小橋上》，觀後受到啓發做拙詩一首，望教授正之

辛卯梅月古魏世平書

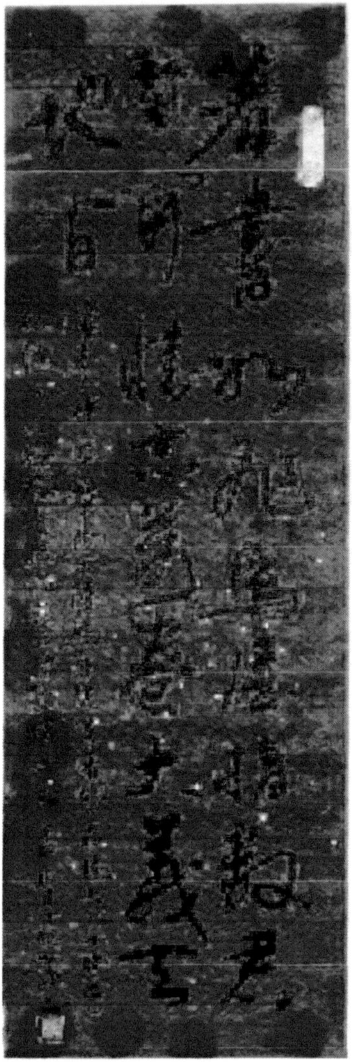

卌四、劉有光作品

卌五、劉有光、楊雲作品

卌六、楊雲作品

卌七、郭玉琴作品

霖（郭玉琴）作品

卅八、塵影

海南省　南山　2008 年

北京　2007 年

廣西德天瀑布（左半越南，右半中國，陳鳳嬌攝，2008 年）

卌九、姊　妹

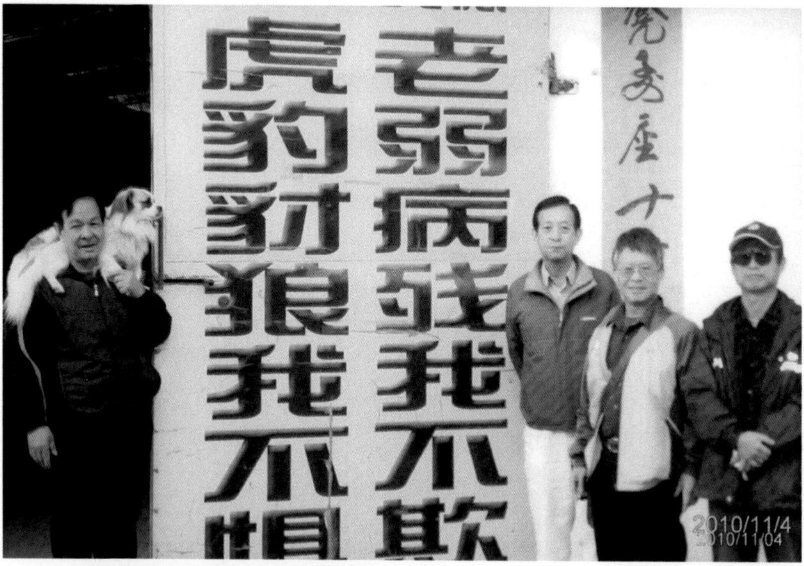
老弱病殘我不
虎豹豺狼我不
2010/11/4

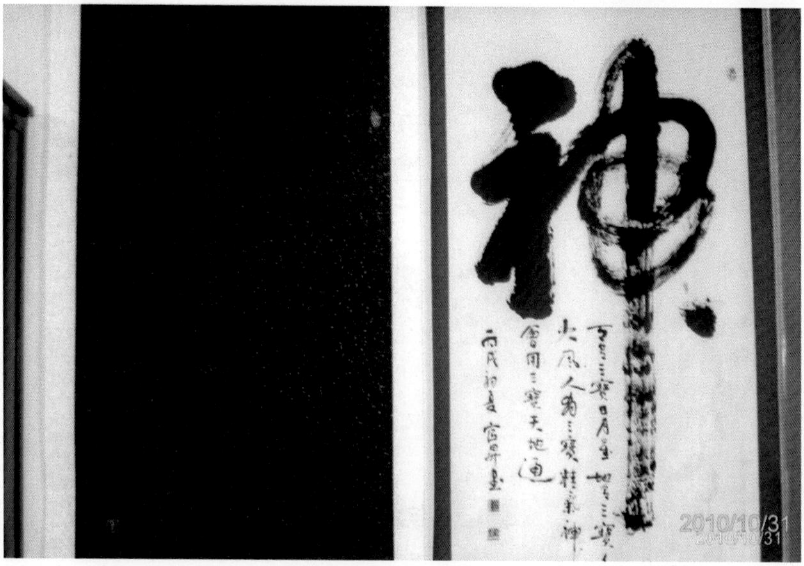
神
2010/10/31

四十、三世因緣

四十一、藝　術

四十二、金門和少林

新華人

中華文化復興研究院
山西芮城鳳梅裝璜材料公司
合辦　總編：劉焦智
電話：0359-3080255 3080038 3287234 手機：13834706886
內部員工讀物　贈閱親朋良友
《鳳梅人》國際網站：http://www.sxrcfm.com 所有文章 全部上網

鳳梅人

山西芮城鳳梅裝璜材料公司
風陵渡裝璜材料批發部
主辦　總編：劉焦智
電話：0359-3080255 3080038 3287234 手機：13834706886
內部員工讀物　贈閱親朋良友
《鳳梅人》國際網站：http://www.sxrcfm.com 所有文章 全部上網

天生我才才

前身　鳳梅人

總第 26 期　丙戌夏至農歷五月廿六　公歷六月廿一日出版

特邀顾问：殷昆　國家民委英文《中國民族》"漢文化專欄"主持，國際易學聯合會特邀教授，中華老子研究會學術委員　電話：010-81723812　www.longxd.com　內部員工讀物 贈閱親朋良友

編輯部地址：山西省芮城縣北關金果市場鳳梅公司　郵編：044600 總編 劉焦智　電話：0359-3080255 3080038 手機：13834706886 www.http://www.sxrcfm.com 所有文章 全部上網

鳳梅人

2006 年 8 月 7 日——農歷七月十四日 丙戌立秋開印　總第 27 期

四十三、鳳梅人

四十四、芮城情

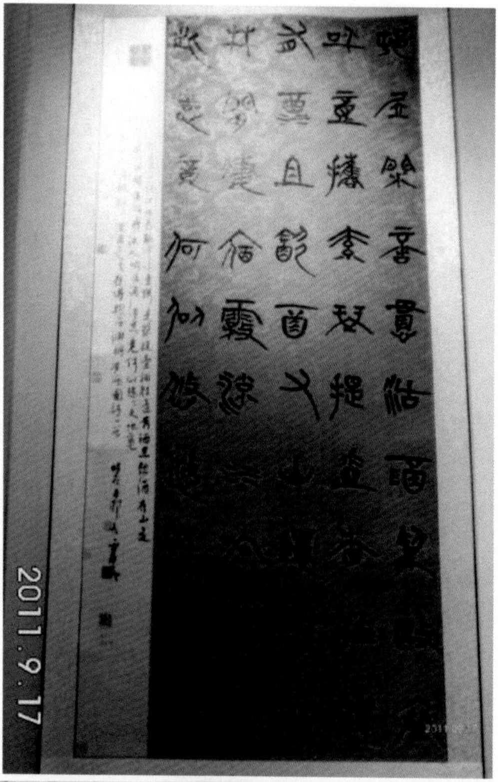

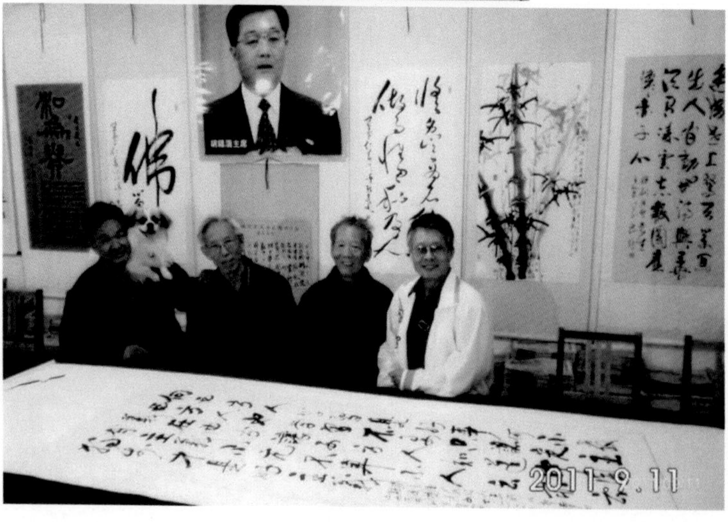

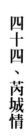

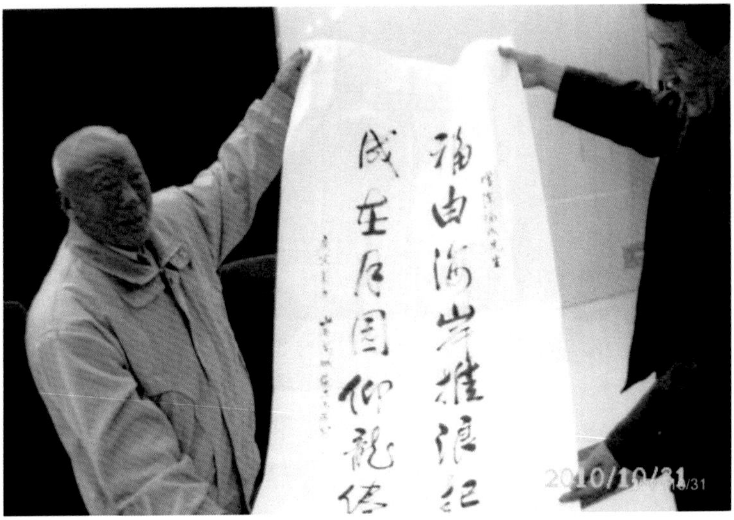

趙志杰作品（右：范世平）

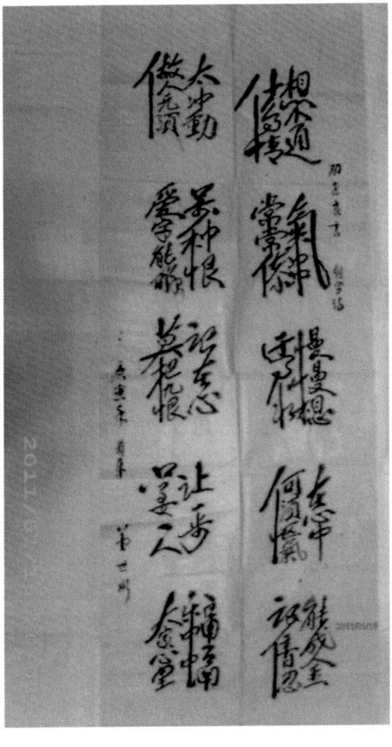

四十五、芮城情

四十六、芮城情

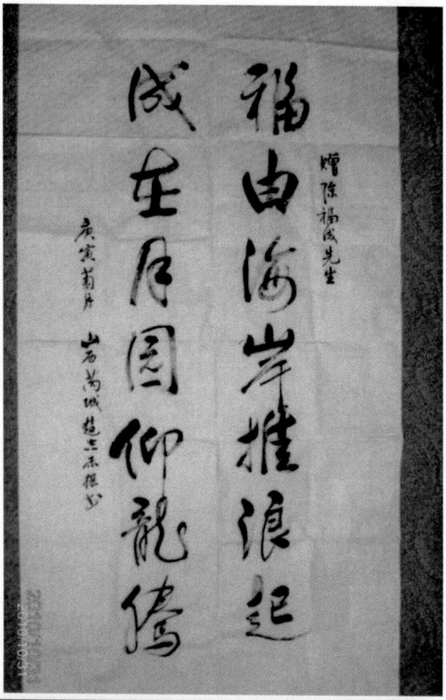

趙志杰作品

趙志杰（左）作品（右：吳信義）

四十七、喻文芳作品

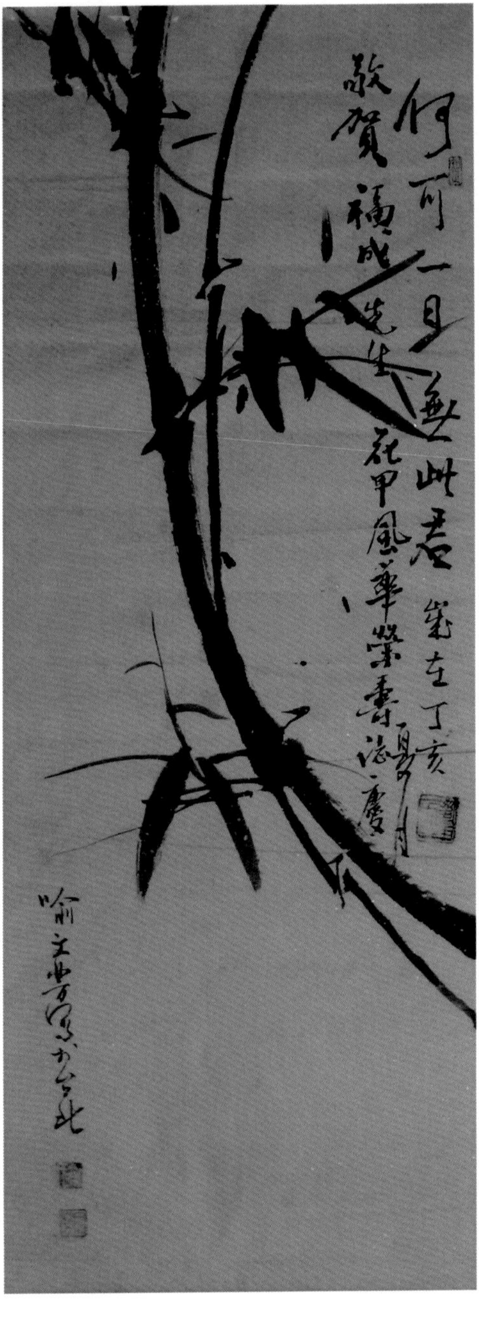
何可一日無此君
敬賀福成先生花甲風華榮壽誌慶
歲在丁亥夏月
喻文芳寫於台北

四十八、童榮南作品

四十九、童榮南作品

五十、童榮南作品

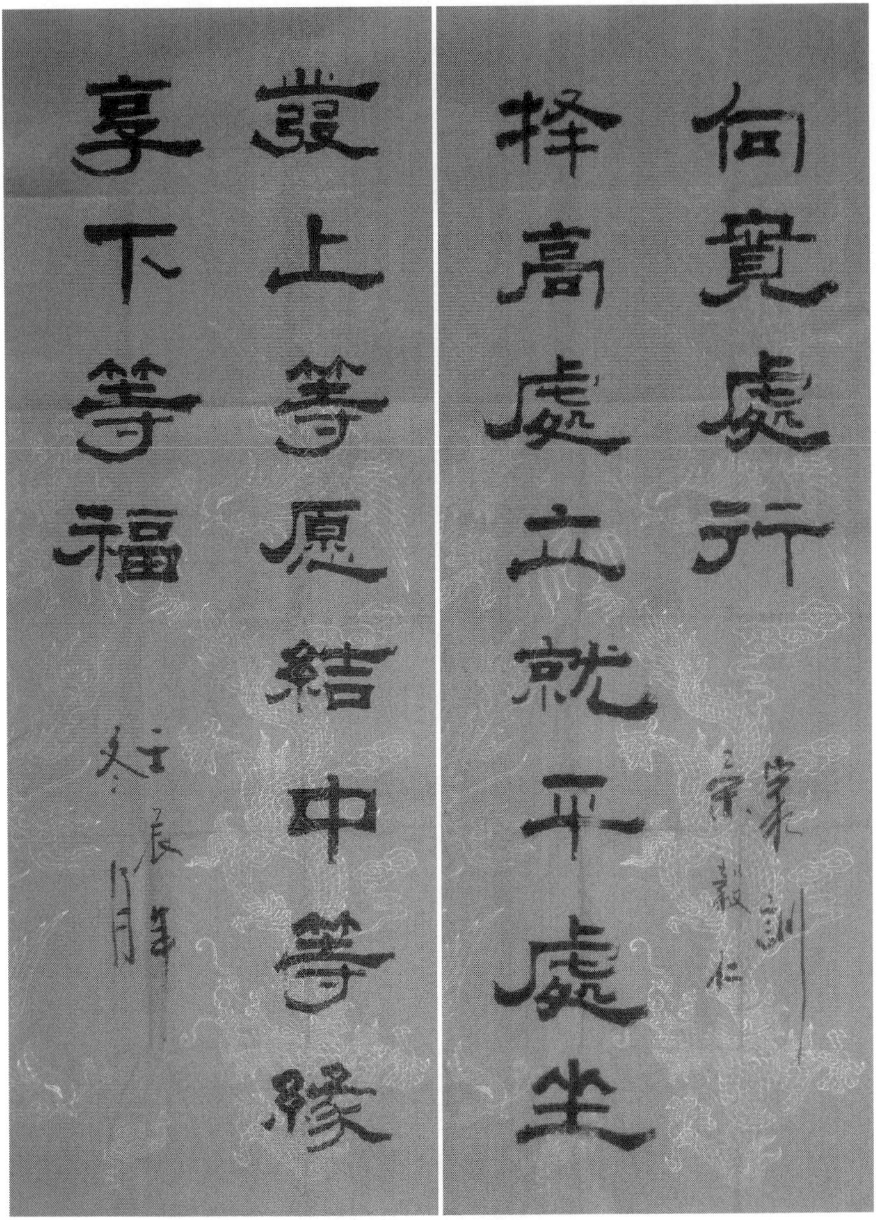
何處寬行擇高處立就平處坐
處上等願結中等緣享下等福

五十一、家訓

五十二、夢雨作品

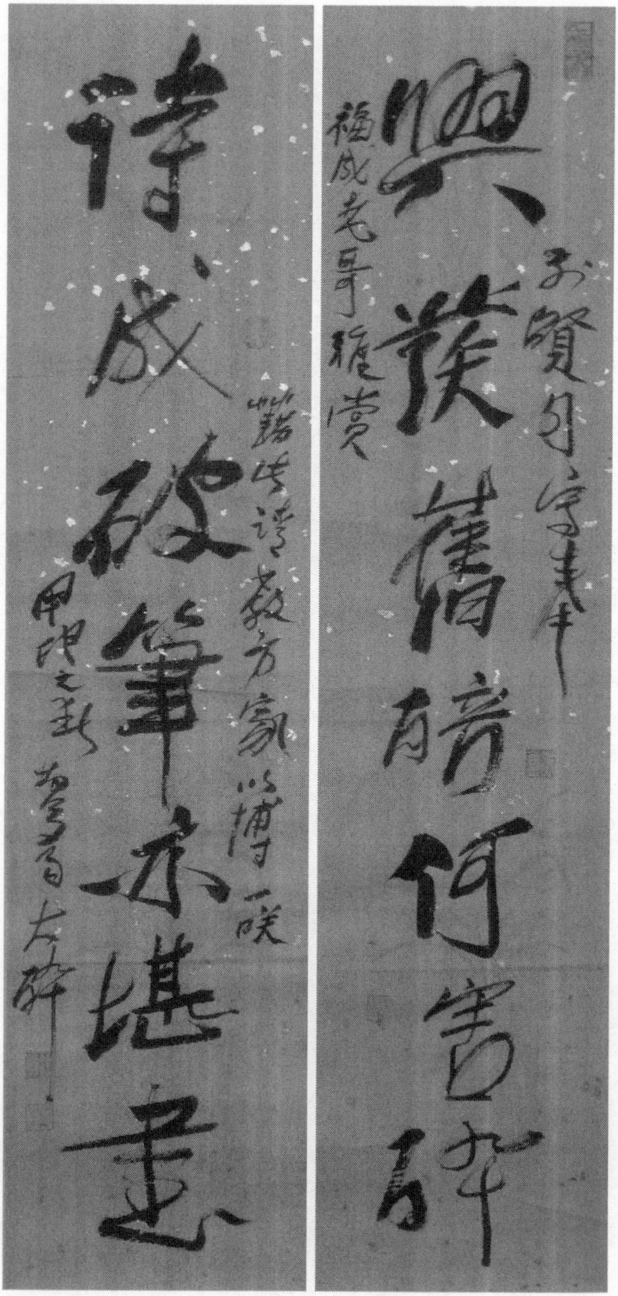

五十三、金秋芮城行

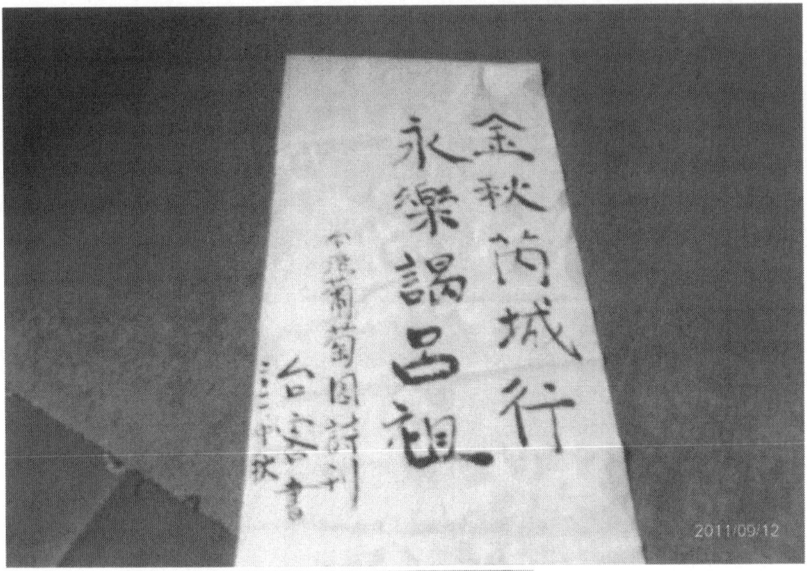
金秋芮城行
永樂謁呂祖
2011/09/12

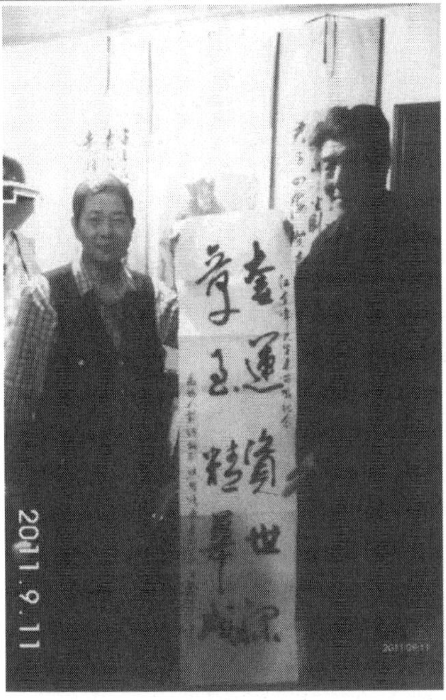
2011.9.11

五十四、劉增法作品

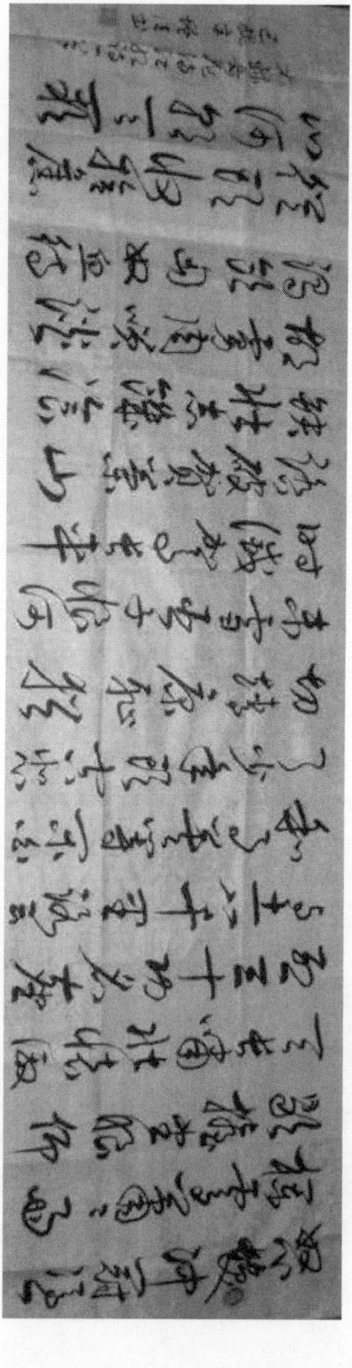

五十五、少林龍門

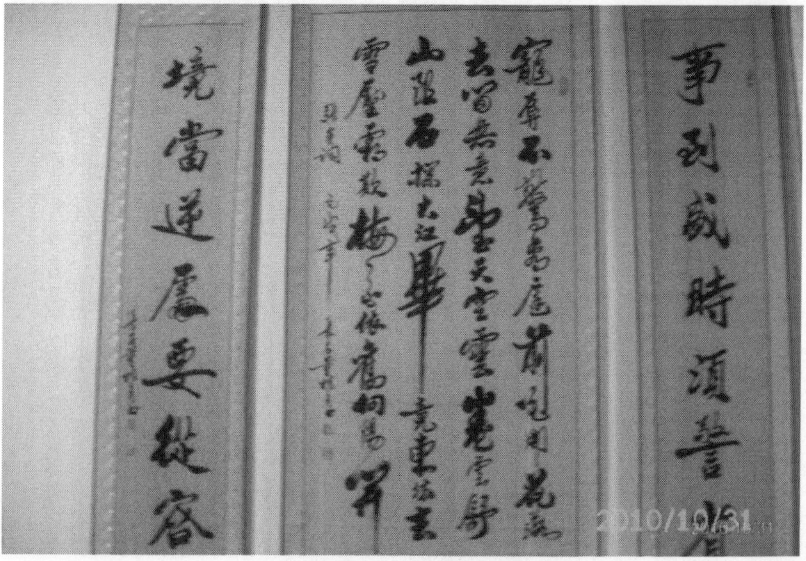

五十六、名家書法

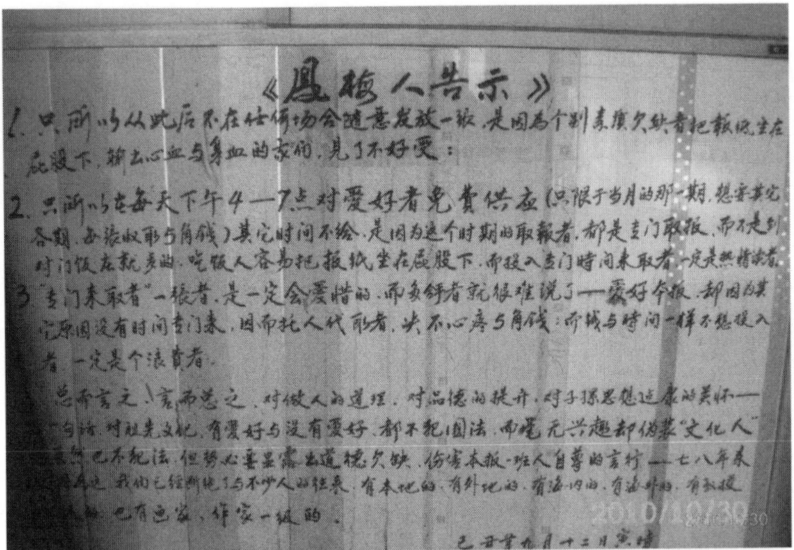

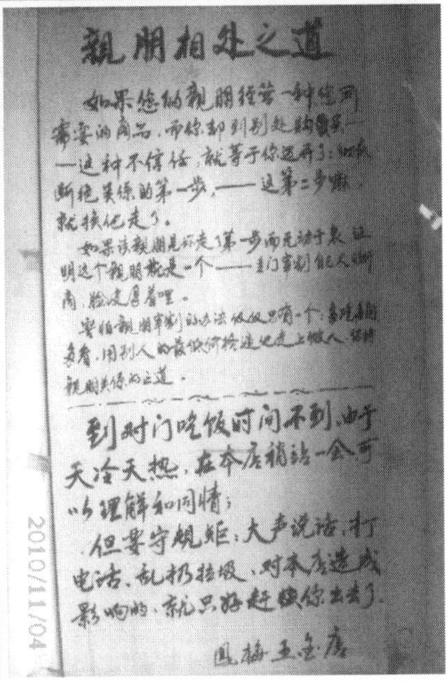

五十七、眞誠和用心

五十八、自勉

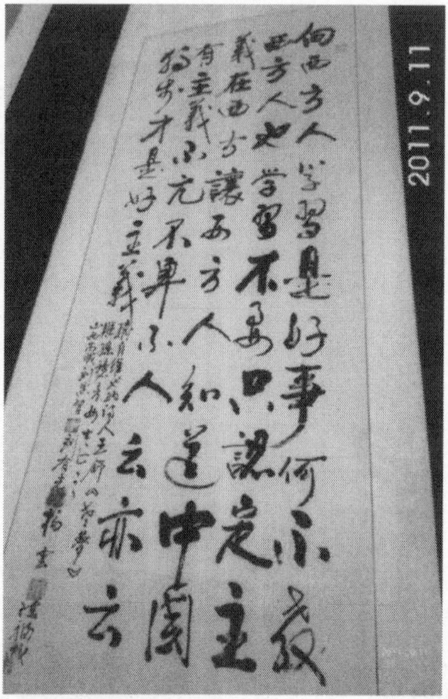

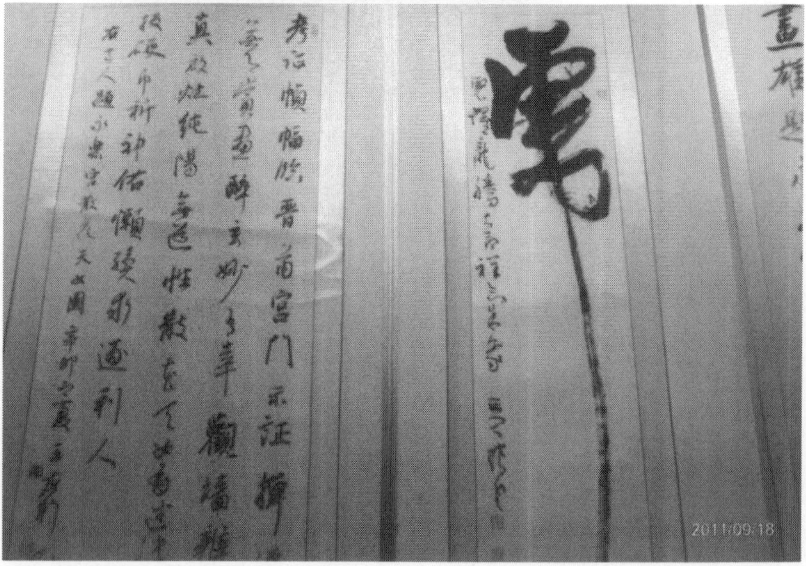

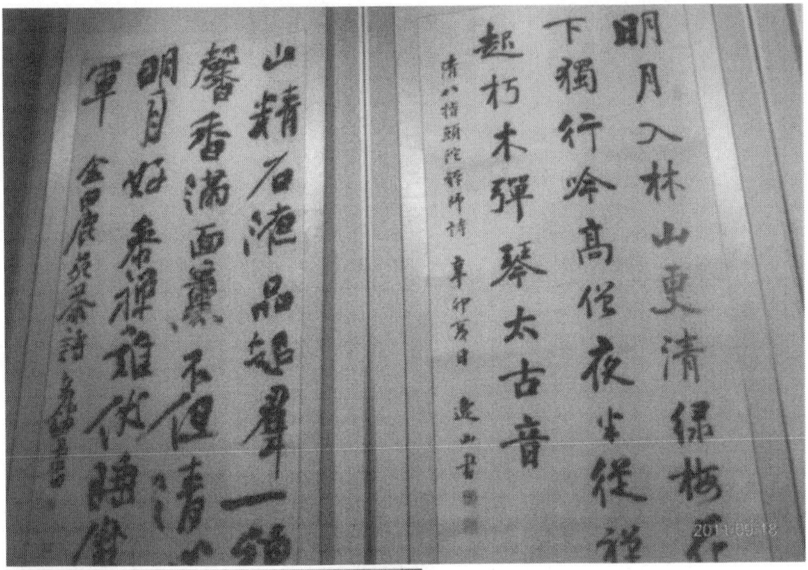

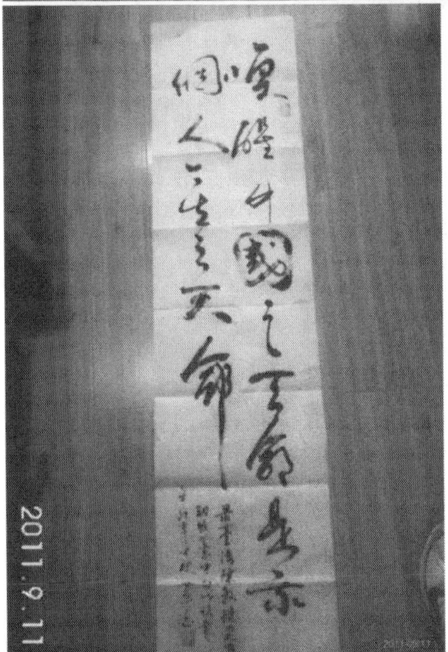

上圖：五十九、明月入林
左圖：六十、天命

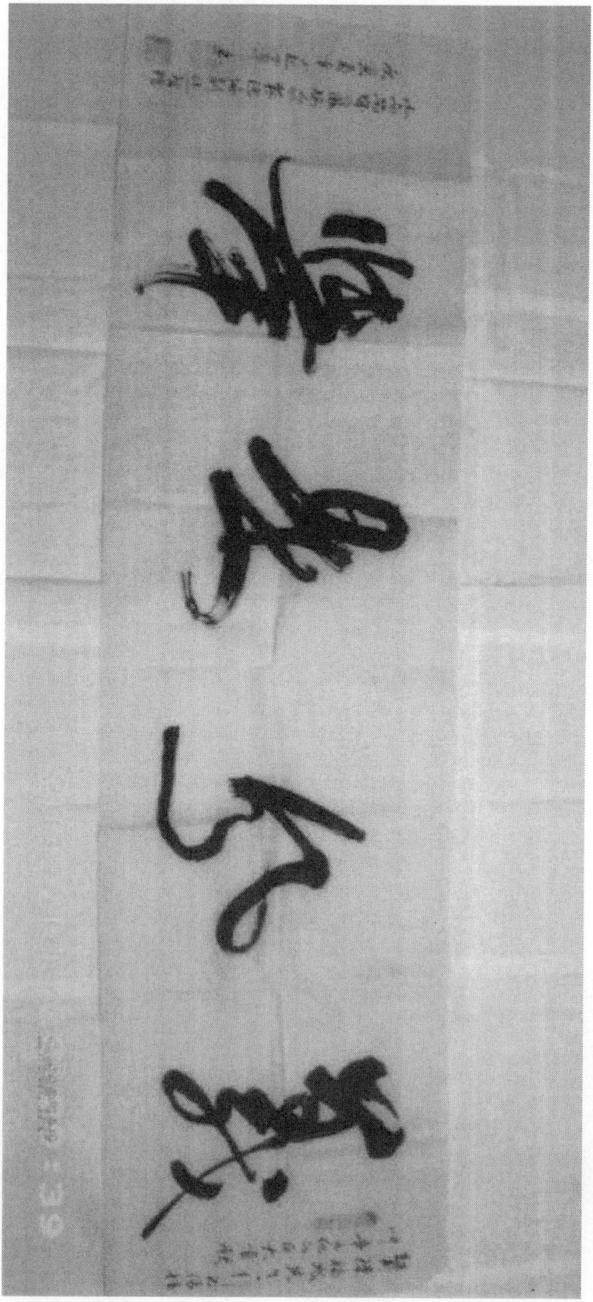

六十一、義　風

六十二、當今古賢

六十三、世平作品

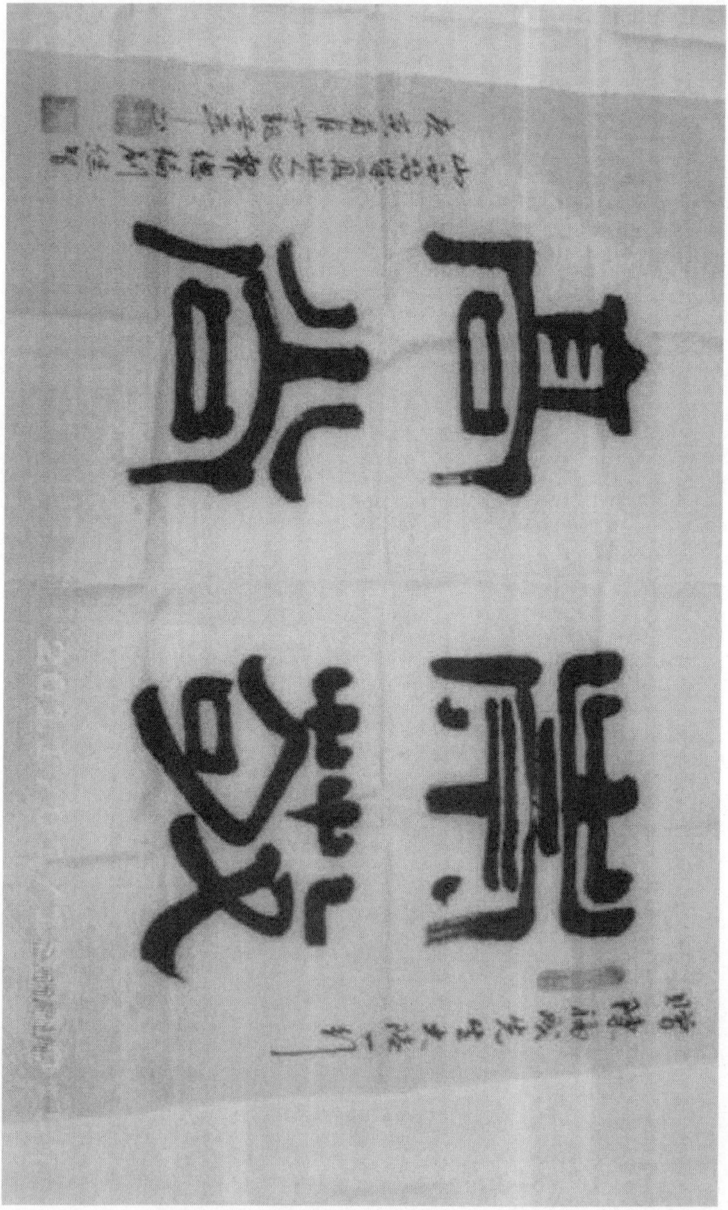

六十四、張維作品

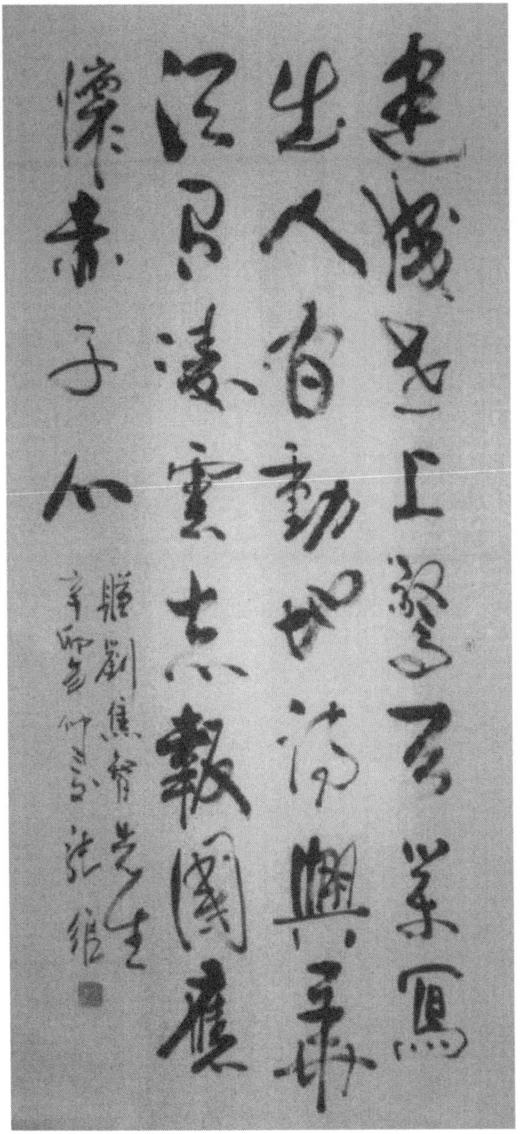

芮城文化人張維老先生對《鳳梅人》的鞭策和鼓勵

建成世上驚天業　寫出人間動地詩　興華須有凌雲志　報國應懷赤子心

贈劉焦智先生　辛卯年　仲夏　張維

六十五、寧新卯作品

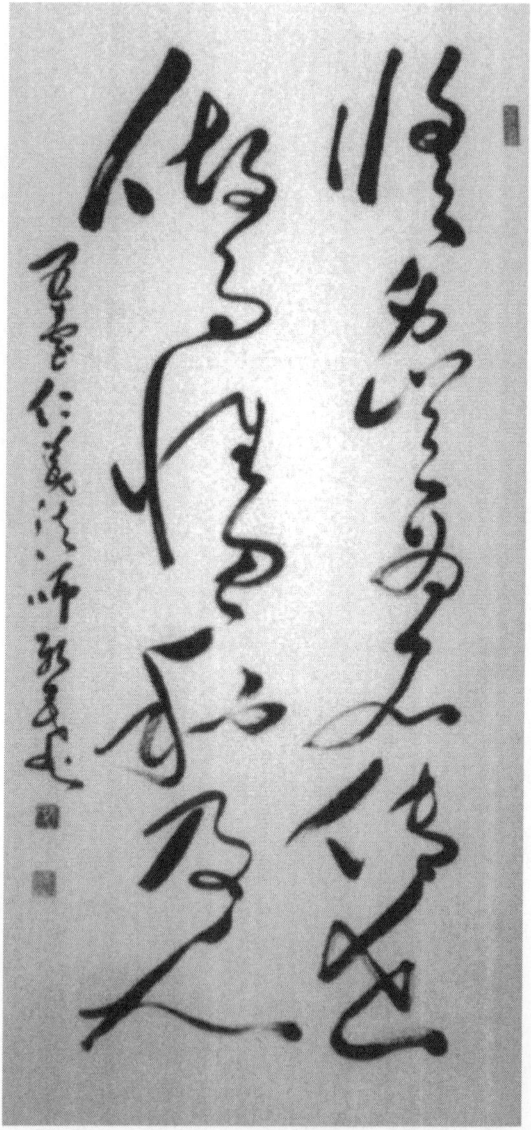

芮城文化人寧新卯先生對《鳳梅人》的鞭策和鼓勵

修身豈為名傳世　做事唯思利及人

五臺仁義法師　新卯書

六十六、楊雲作品

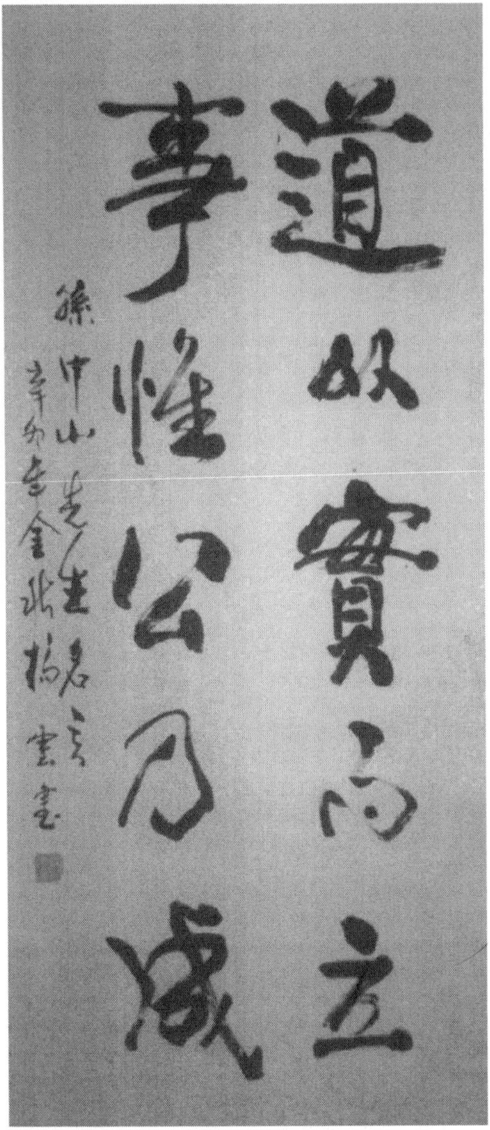

芮城文化人楊雲老先生對《鳳梅人》的鞭策和鼓勵：書孫中山名言

道以實而立　事惟公乃成

孫中山先生名言　辛卯年金秋　楊雲書

六十七、世平作品

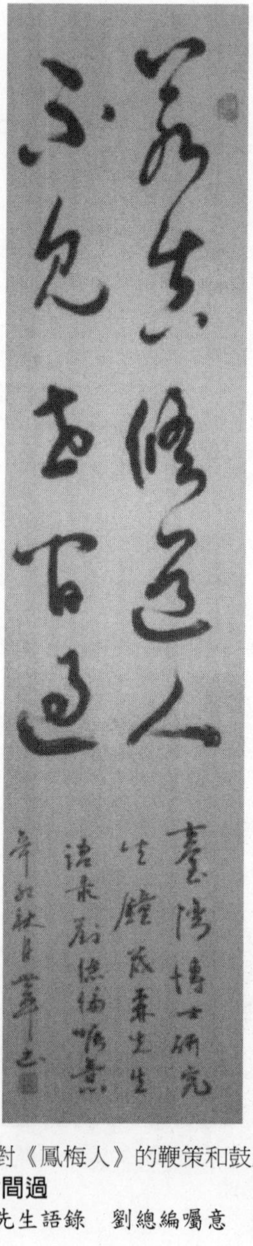

芮城文化人范世平先生對《鳳梅人》的鞭策和鼓勵：書鐘茂林先生語錄

若真修道人　不見世間過

臺灣博士研究生鐘茂林先生語錄　劉總編囑意　辛卯秋日　世平書

六十八、劉福升作品

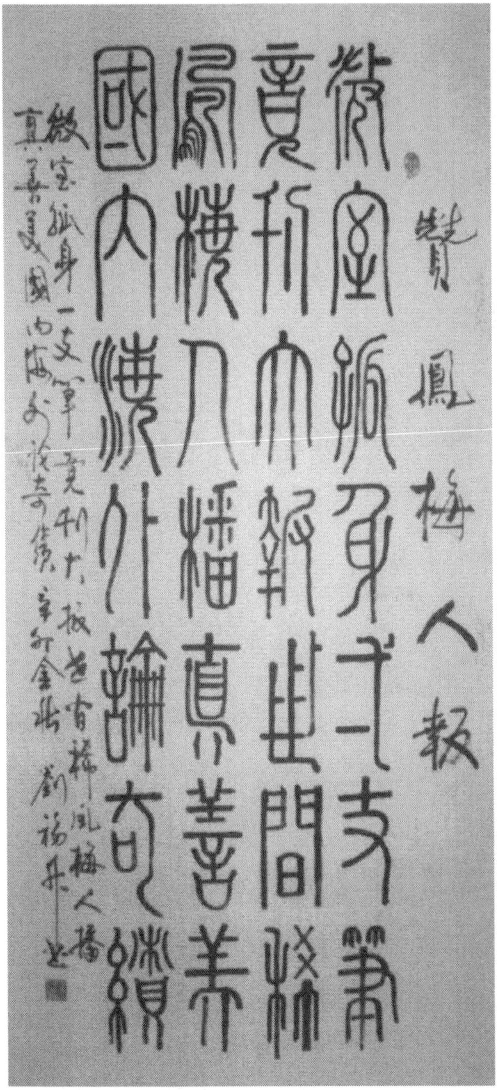
贊鳳梅人報
微室孤身一支筆
競刊大報世間稀
鳳梅人播真善美
國內海外論奇績
微室孤身一支筆 競刊大報世間稀 鳳梅人播真善美 國內海外論奇績 辛卯金秋 劉福升書

芮城文化人劉福升先生對《鳳梅人》的鞭策和鼓勵

微室孤身一支筆　競刊大報世間稀　鳳梅人播真善美　國內海外論奇績

辛卯金秋　劉福生書

六十九、張紀平書法

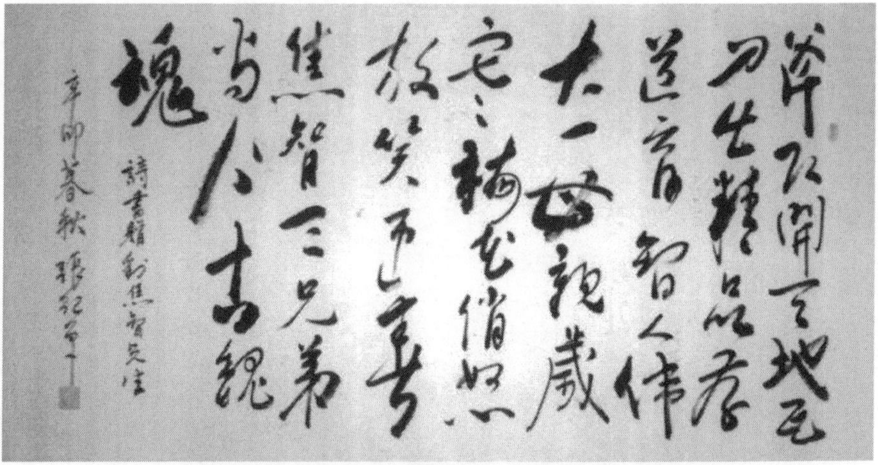

芮城文化人張紀平先生對《鳳梅人》的鞭策和鼓勵

斧頭開天地　瓦刀出精品　孝道育智人　偉大一母親

歲寒梅花俏　怒放笑迎春　焦智三兄弟　當今古魏魂

詩書贈劉焦智先生　辛卯暮秋　張紀平

七十、張懷亮作品

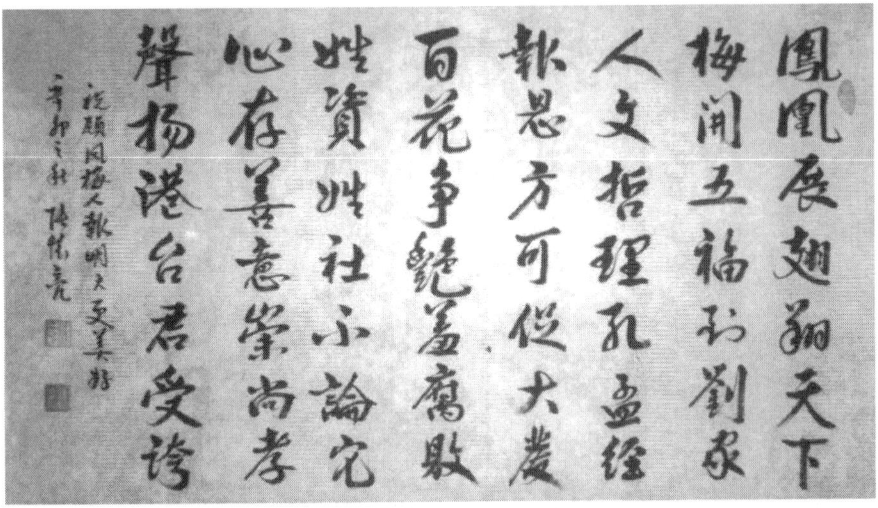

芮城文化人張懷亮先生對《鳳梅人》的鞭策和鼓勵：鳳梅人報　百姓心聲

鳳凰展翅翔天下　梅開五福到劉家　人文哲理孔孟經　報恩方可促大業

百花爭艷羞腐敗　姓資姓社不論它　心存善意崇尚孝　聲揚港臺君受誇

祝願鳳梅人報明天更美好　辛卯之秋　張懷亮

七十一、吉文彬先生作品

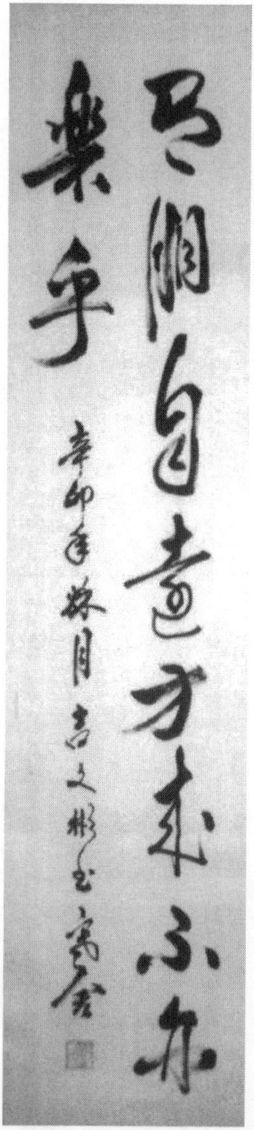

芮城文化人吉文彬先生對台客、陳福成等六位臺灣貴賓的歡迎詞

有朋自遠方來不亦樂乎

辛卯年　月吉文彬書于寒舍

七十二、中國有主義

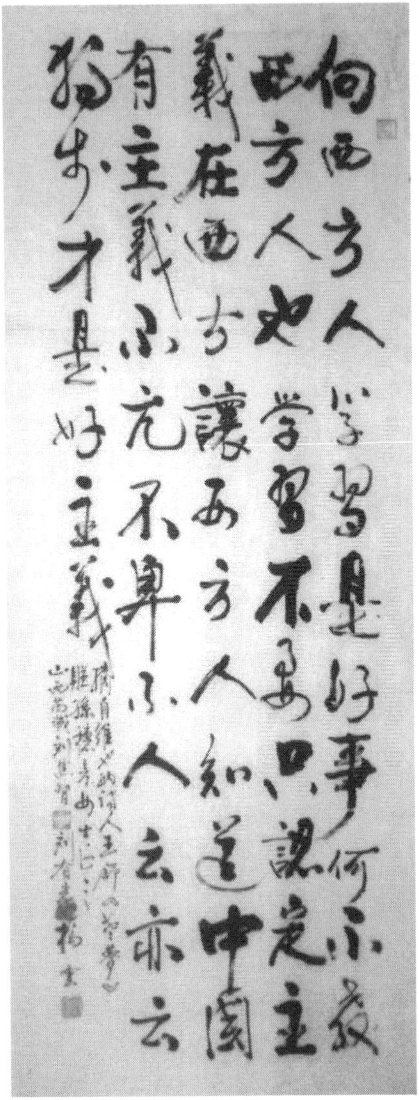

書法一：中國有主義

向西方人學習是好事，何不教西方人也學習，不要只認定主義在西方，讓西方人知道中國有主義。不亢不卑，不人雲亦雲，獨步才是好主義。

摘自維也納畫家王舒《老夢》贈孫穗芳女士正之

山西芮城劉焦智　劉有光　楊雲

七十三、我的夢

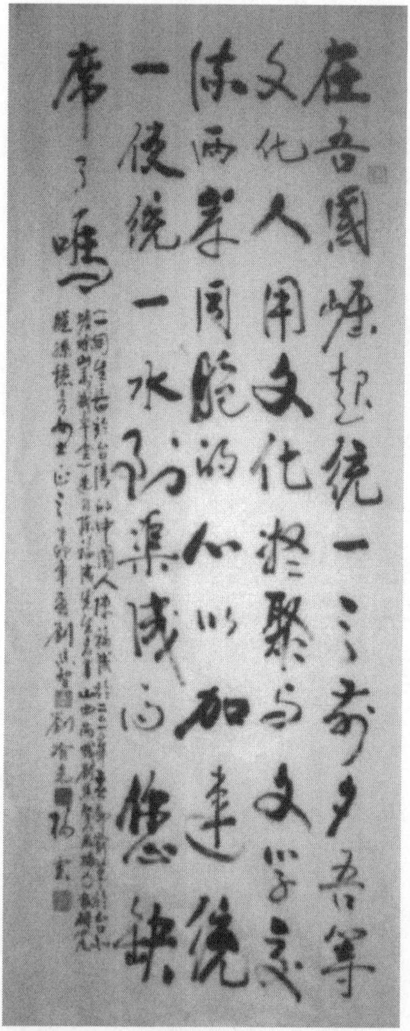

書法二：國家興亡　匹夫有責

在吾國崛起統一之前夕，吾等文化人用文化凝聚與文學交流兩岸同胞的心，以加速統一，使統一水到渠成。而你，缺席了嗎？

（一個生長於臺灣的中國人陳福成，於二〇一〇年春節前草於臺北蟾蜍山萬盛草堂。）選自陳福成先生名著《山西芮城劉焦智鳳梅人報研究》贈孫穗芳女士正之。

辛卯年春劉焦智　劉有光　楊雲

七十四、志同道合

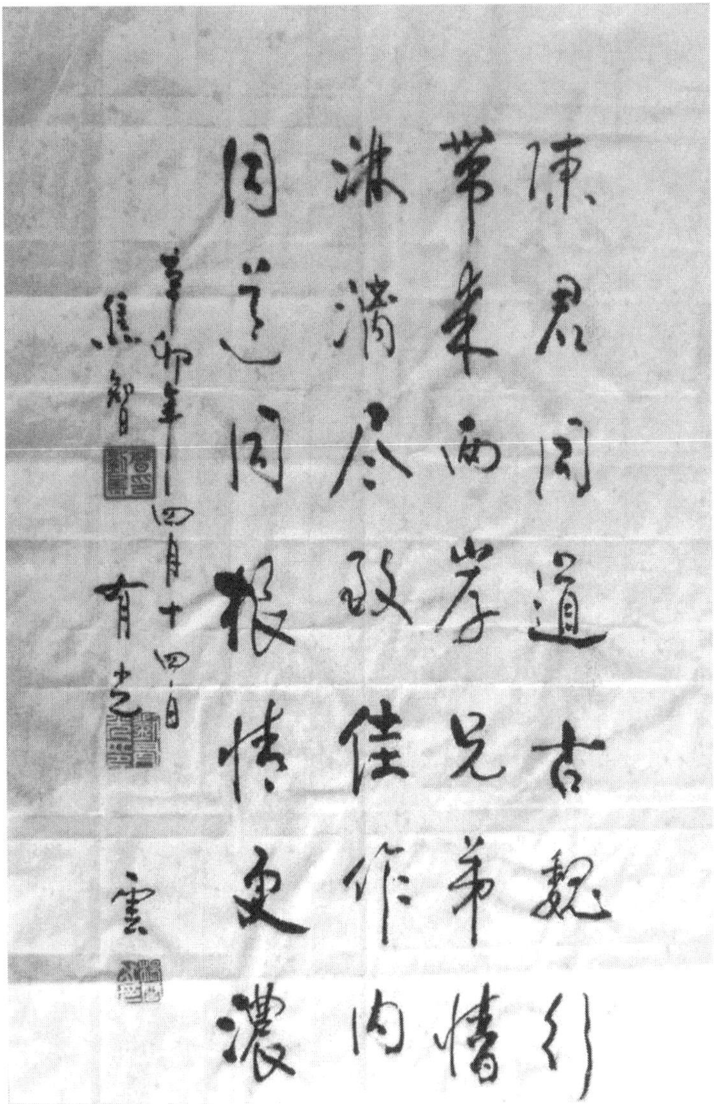

蕪城文化人劉有光、楊雲先生對陳福成先生的敬仰詩

陳君同道古魏行　帶來兩岸兄弟情　淋灕盡致佳作内　同道同根情更濃

辛卯年四月十四日　焦智　有光　雲

七十五、夢雨作品

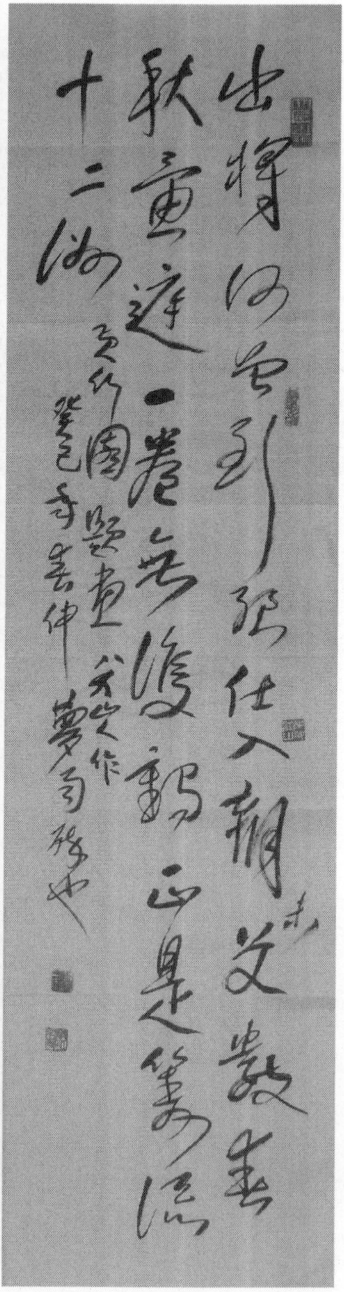

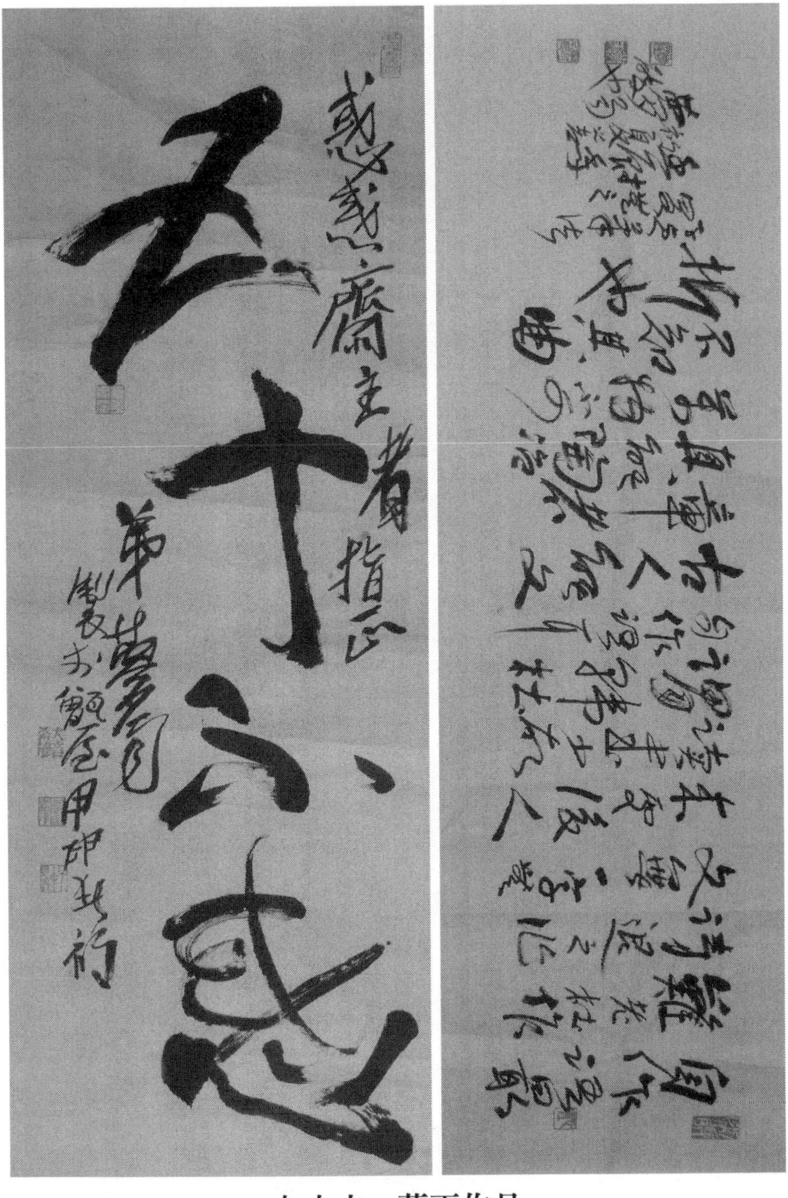

七十六、夢雨作品

左圖：七十七、斷場人在天涯

下圖：七十八、虛懷若谷

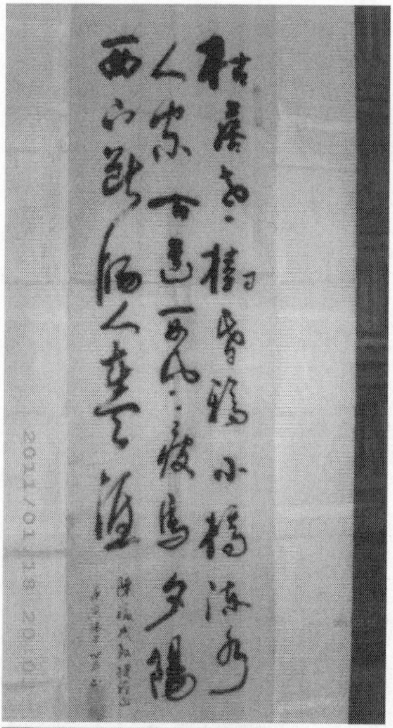

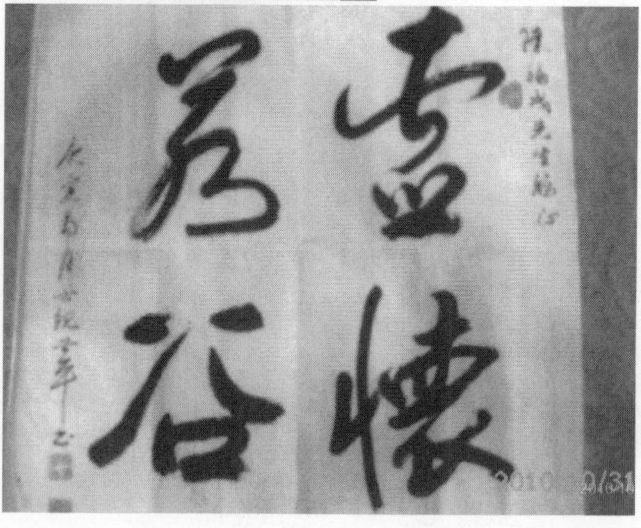

七十九、世平作品

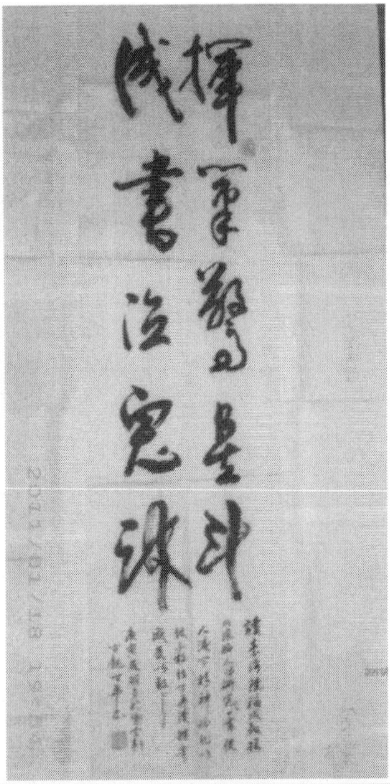

八十、世平作品

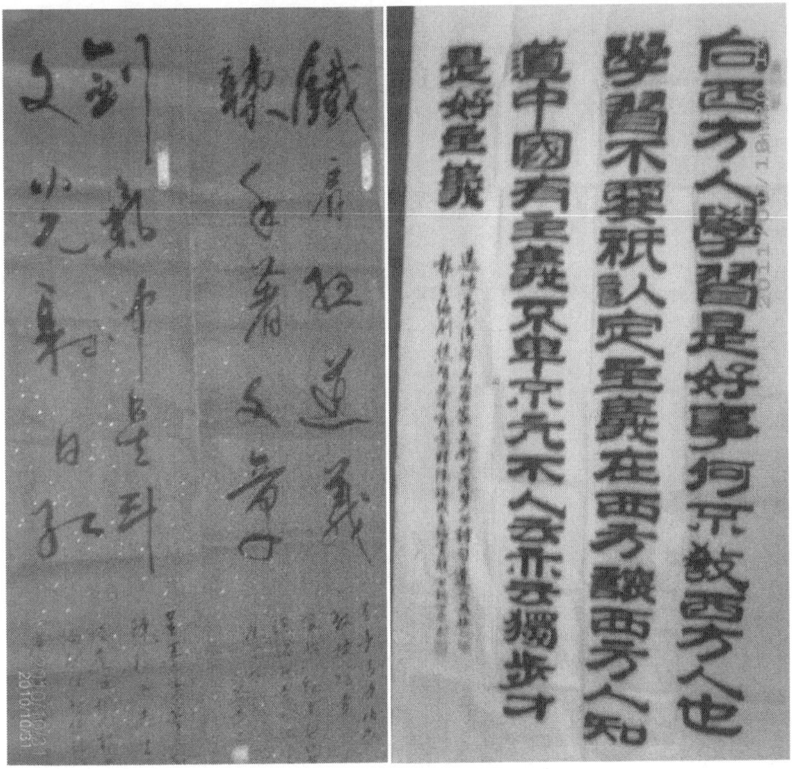

八十一、中國有主義

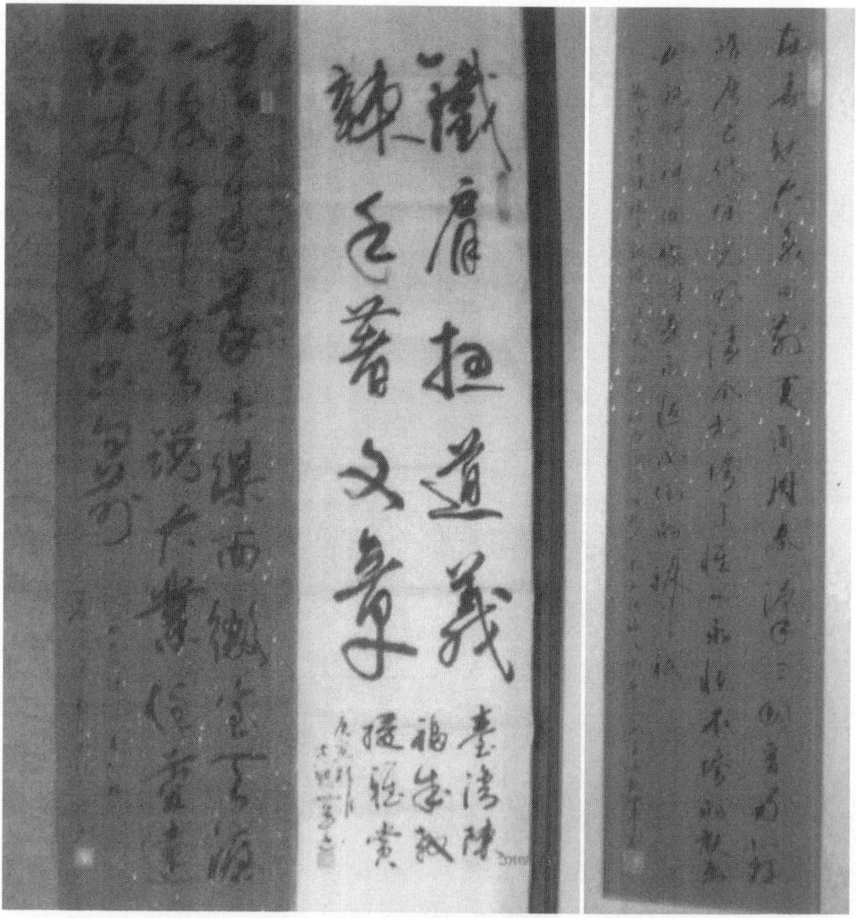

八十二、鐵肩道義

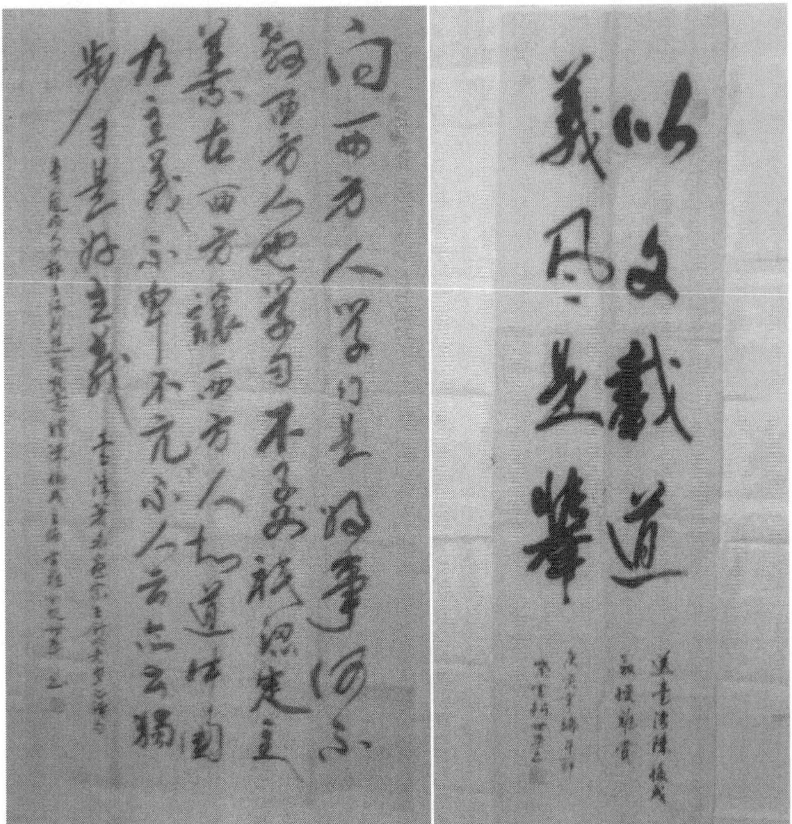

八十三、以文載道

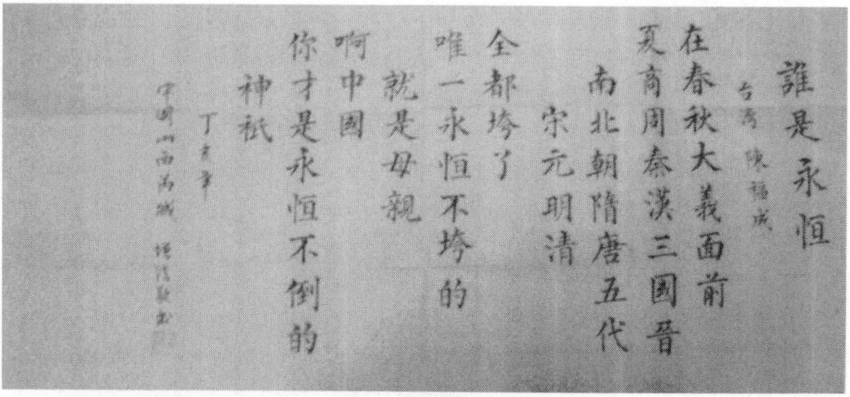
誰是永恆
台湾 陳福成
在春秋大義面前
夏商周秦漢三國晉
南北朝隋唐五代
宋元明清
全都垮了
唯一永恆不垮的
就是母親
啊中國
你才是永恆不倒的
神祇
丁亥年

劉增法書法，陳福成詩。

八十四、劉增法作品

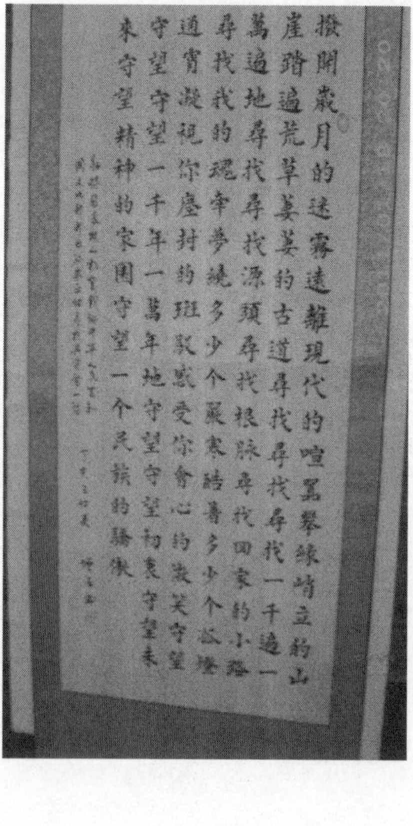
撥開歲月的迷霧遠離現代的喧囂攀緣峭立的山
崖踏遍荒草萋萋的古道尋找尋找尋找一千遍一
萬遍地尋找尋找源頭尋找根脈尋找回家的小路
尋找我的魂牽夢繞多少个嚴寒酷暑多少个孤燈
通宵凝視你塵封的斑駁感受你會心的微笑守望
守望守望一千年一萬年地守望守望初衷守望未
來守望精神的家園守望一个民族的驕傲

劉增法作品

八十五、世平作品

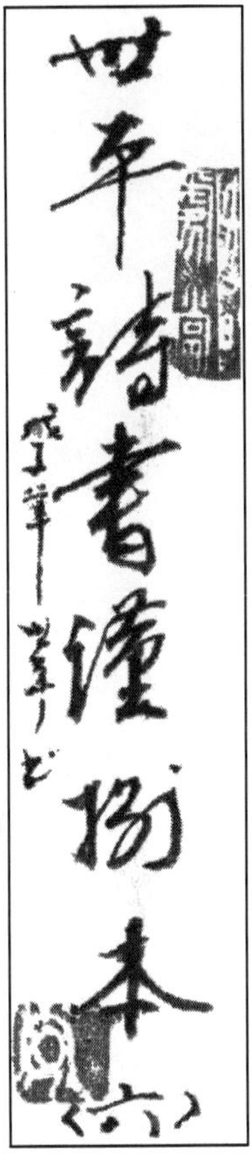

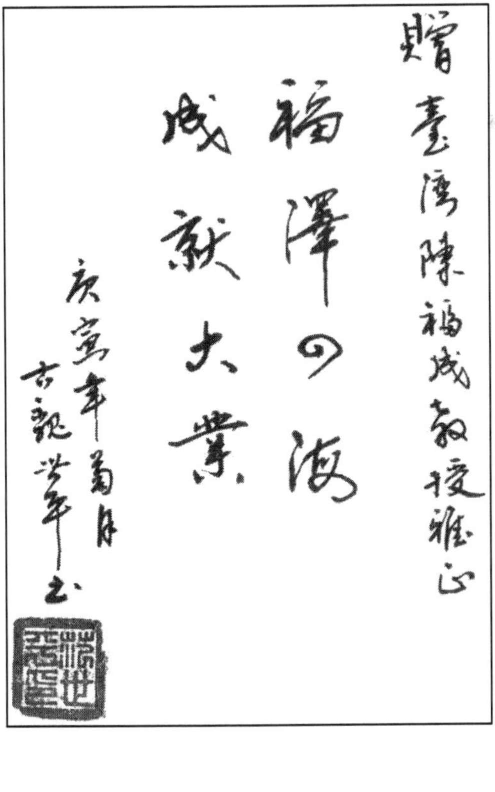

八十六、秦嶽作品

風雨人生路
滄桑故園情
秦嶽敬書

臺灣文化界名人秦嶽為
《風雨滄桑》再版題詞

子曰：「為政以德，譬如北辰。
居其所而眾星共之！」
秦嶽

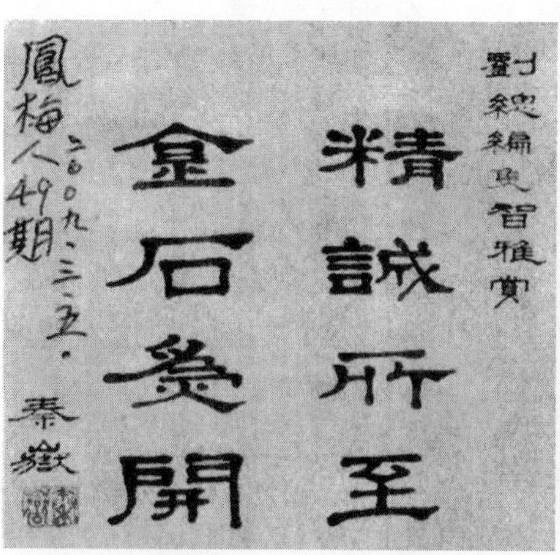
精誠所至
金石為開
秦嶽

來自海峽東岸文壇詩壇的肯定、贊揚、鞭策和鼓勵

八十七、名家書法

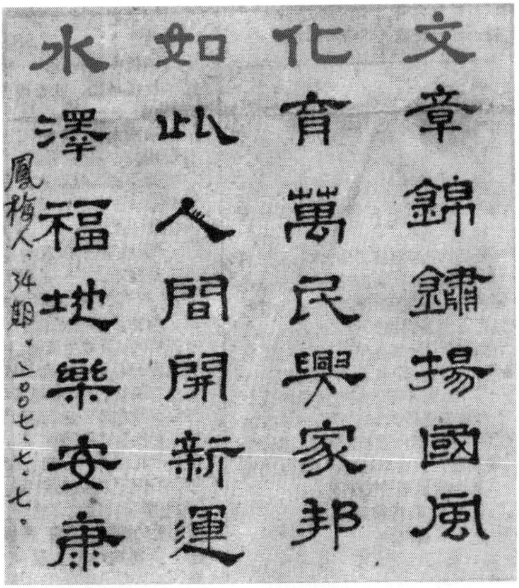
文章錦鏽揚國風
化育萬民興家邦
如此人間開新運
水澤福地樂安康
鳳梅人,34期,二〇〇七.七.七.

鳳梅人,32期,2007.4.5.
聽七洲回聲
觀四海漣漪
秦嶽

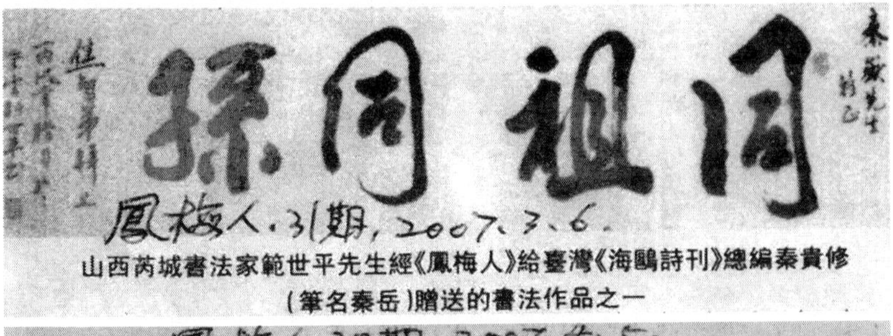
同祖同孫
鳳梅人.31期,2007.3.6.

山西芮城書法家範世平先生經《鳳梅人》給臺灣《海鷗詩刊》總編秦貴修（筆名秦岳）贈送的書法作品之一

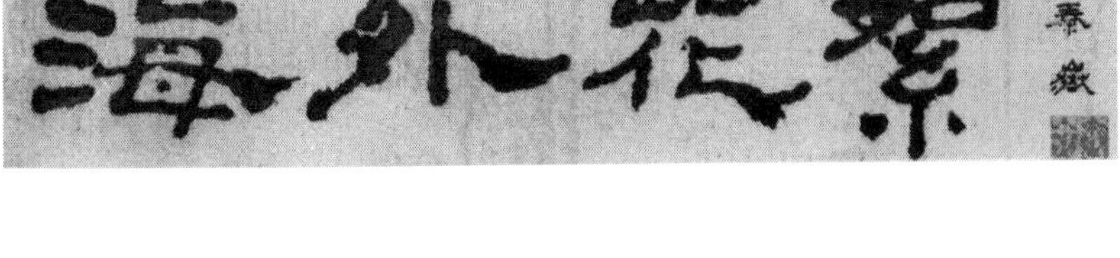
鳳梅人.32期,2007.4.5.
海外花絮
秦嶽

八十八、名家書法

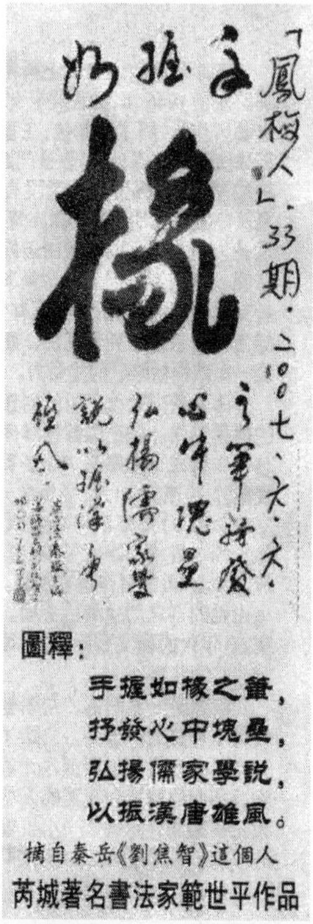

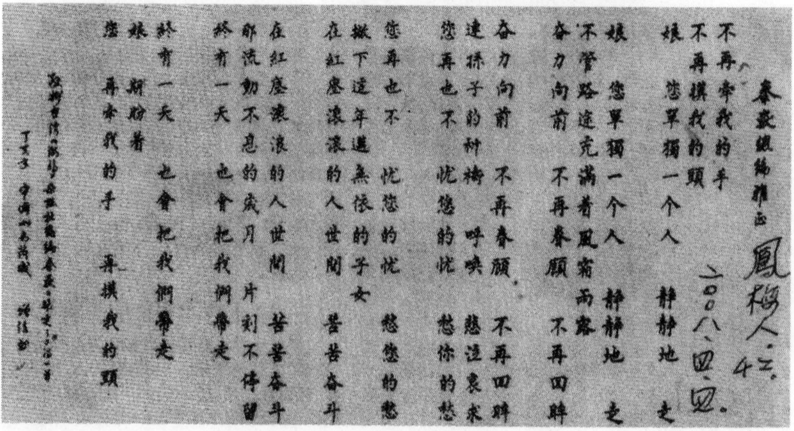

圖釋：
手握如椽之筆，
抒發心中塊壘，
弘揚儒家學說，
以振漢唐雄風。
摘自秦岳《劉焦智》這個人
芮城著名書法家範世平作品

朱陽村劉增法書法作品（3178242）

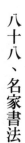

八十九、名家書法

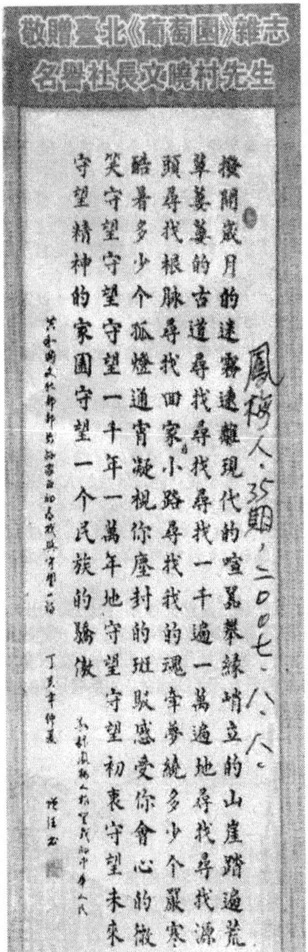
敬贈臺北《葡萄園》雜志
名譽社長文曉村先生
撥開歲月的迷霧遠離現代的喧囂攀緣峭立的山崖踏遍荒
草萋萋的古道尋找尋找尋找一千遍一萬遍地尋找尋找源
頭尋找根脈尋找田家小路尋找我的魂牽夢繞多少个嚴寒
酷暑多少个孤燈通宵凝視你塵封的斑駁感受你會心的微
笑守望守望守望一千年一萬年地守望守望初衷守望未來
守望精神的家園守望一个民族的驕傲
鳳梅人、35期、二〇〇七、八、八

書法作品出自本村同宗劉增法之手。劉增法，屬牛，今年59歲，朱陽劉家人，劉焦智初中時期的同學，從事教師工作。隱居在朱陽村後一個小溝之北，背山抱水，寧靜致遠，不圖名利地位、默默地、謙虛認真地傳承著祖先的傳統文化。

電話：0359-3178242

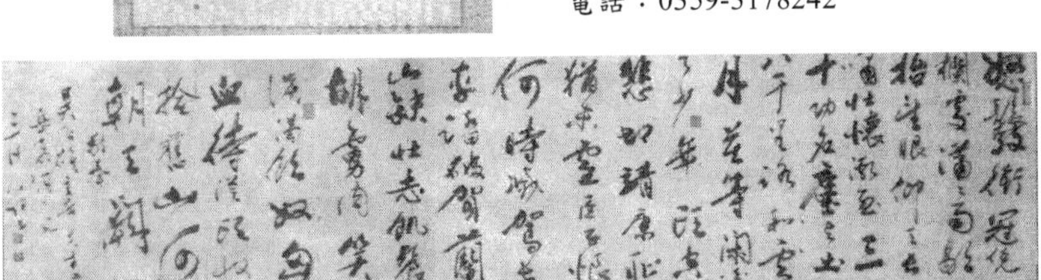

中國書畫院院士、陝西省書法家協會會員劉健(筆名山川)先生經《鳳梅人》這個"文化橋",給中國國民黨主席吳伯雄贈送的書法作品:《滿江紅》 劉健電話:13228079036. 鳳梅人 47. 2008.8.23.

右手揮筆氣浩然——劉良書

「新華人」　左手來勁更清遠——劉良書

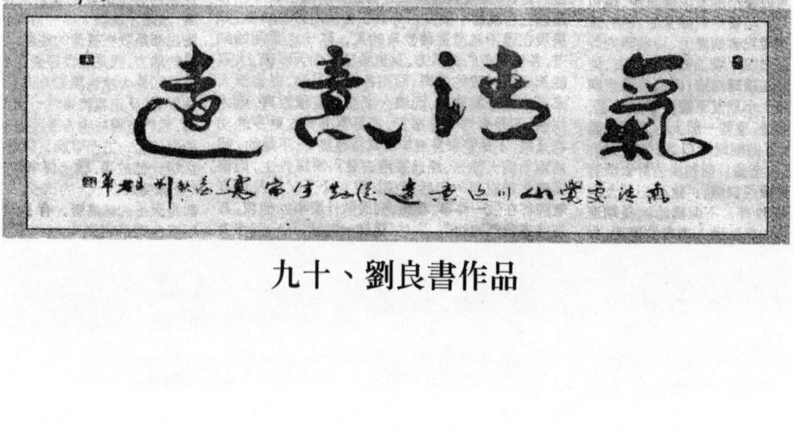

九十、劉良書作品

九十一、革命尚未成功

「天生我材」 選自《偉人孫中山》 第26期.

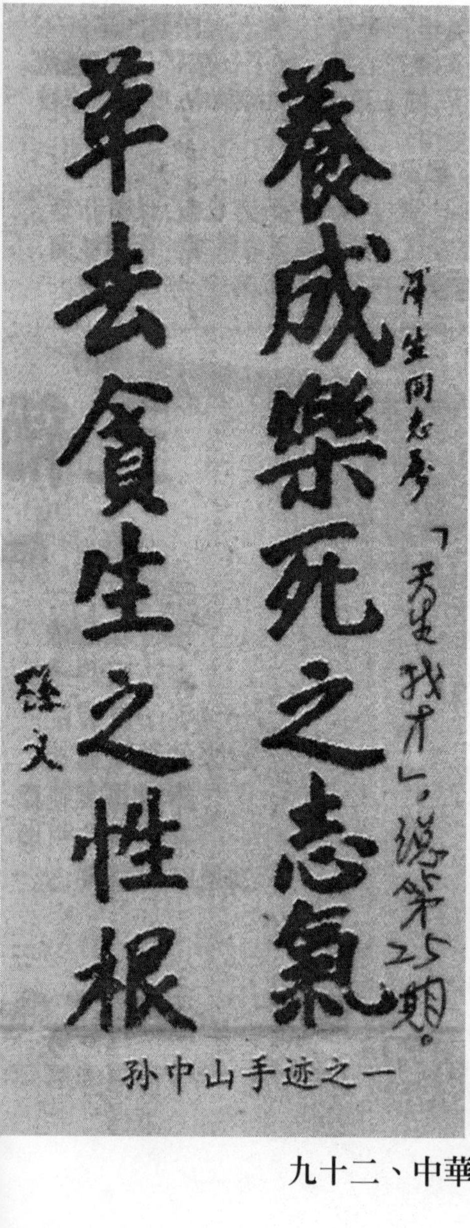
養成樂死之志氣
革去貪生之性根
孫文

孙中山手迹之一

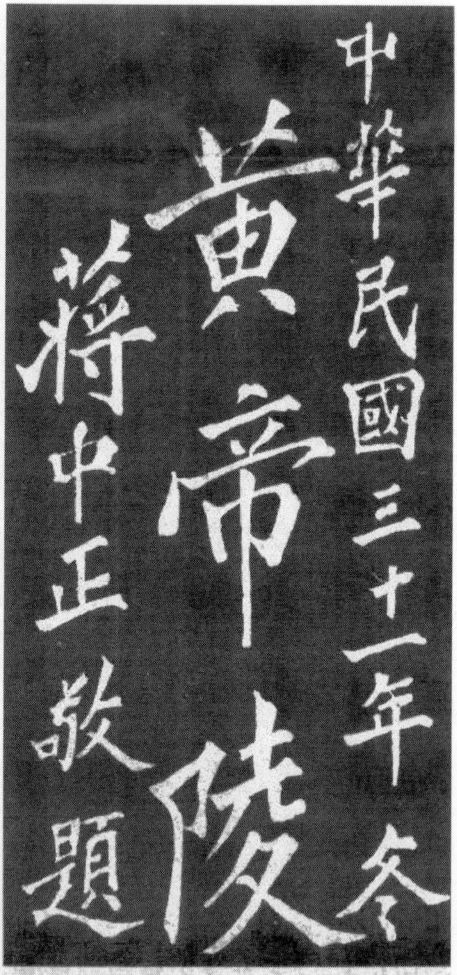
中華民國三十一年冬
黃帝陵
蔣中正敬題

蔣介石(中正)先生于1942年題寫的“黄帝陵”，曾立于黄帝陵前。1958年被磨掉，爲郭沫若題刻所替代。1987年重新復制，立于碑亭東側。

九十二、中華民國何在？

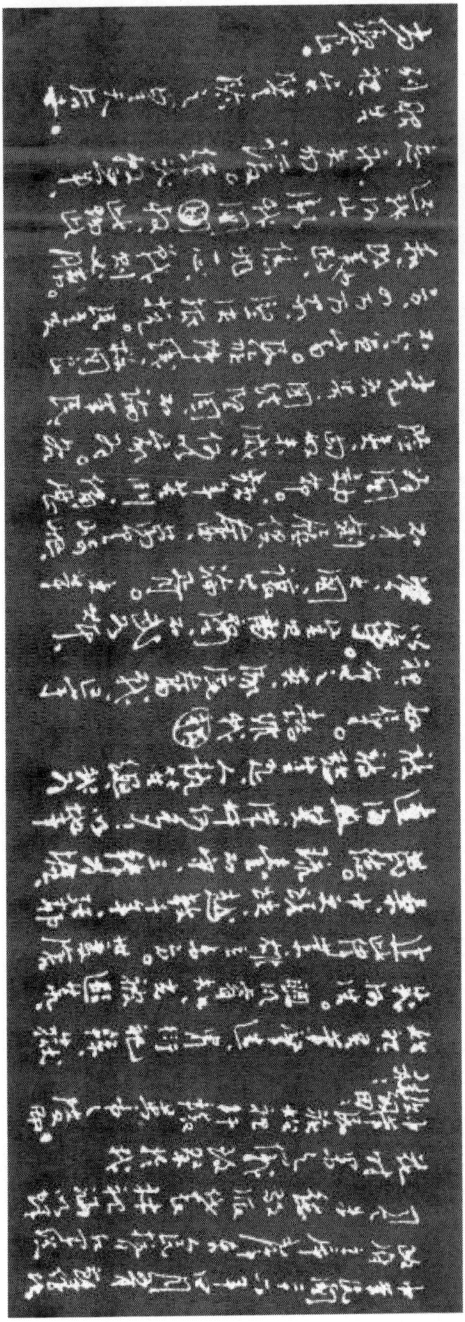

九十三、弔詭的歷史

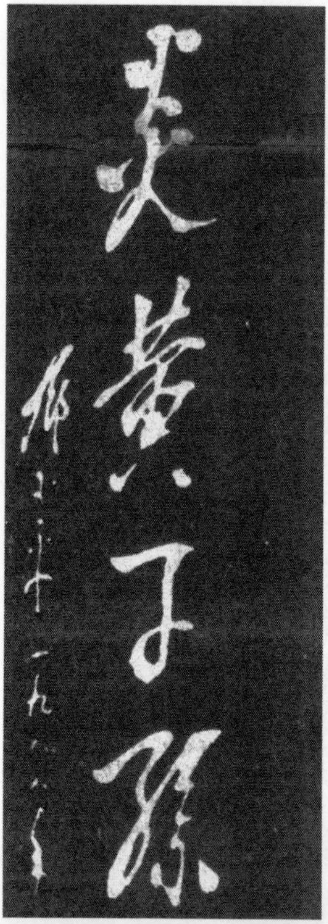

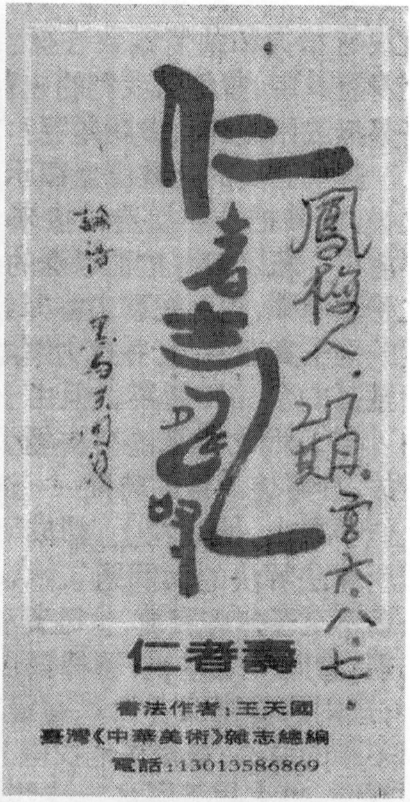
仁者壽
書法作者：王天國
臺灣《中華美術》雜志總編
電話：13013586869

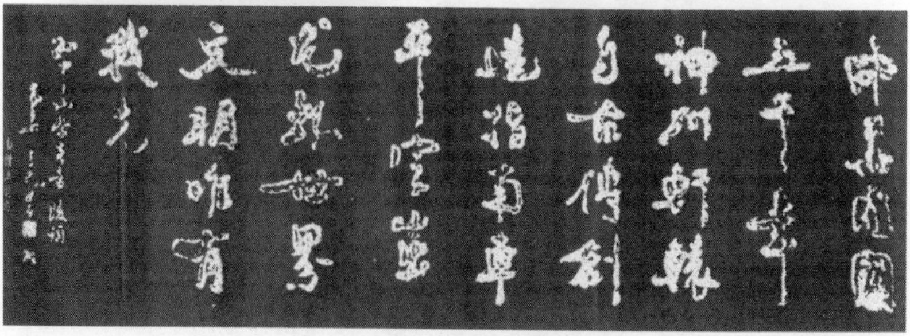

九十四、名家書法

九十五、名家書法

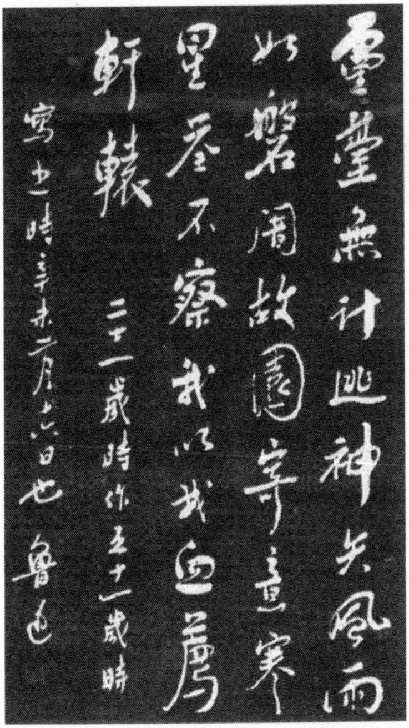

魯迅手書

靈臺無計逃神矢，風雨如磐闇故園。
寄意寒星荃不察，我以我血薦軒轅。

選自臺灣《中華美術》作者汪浩（臺灣）中華書畫協會理事長

大江東去，浪淘盡、千古風流人物。故壘西邊，人道是三國周郎赤壁。亂石穿空，驚濤拍岸，卷起千堆雪。江山如畫，一時多少豪杰。遙想公瑾當年，小喬初嫁了，雄姿英發。羽扇綸巾談笑間、檣櫓灰飛煙滅。故國神游，多情應笑我，早生華發。人生如夢，一尊還酹江月。

九十六、黃帝

位于陝西省黃陵縣的黃帝陵

九十七、世平作品

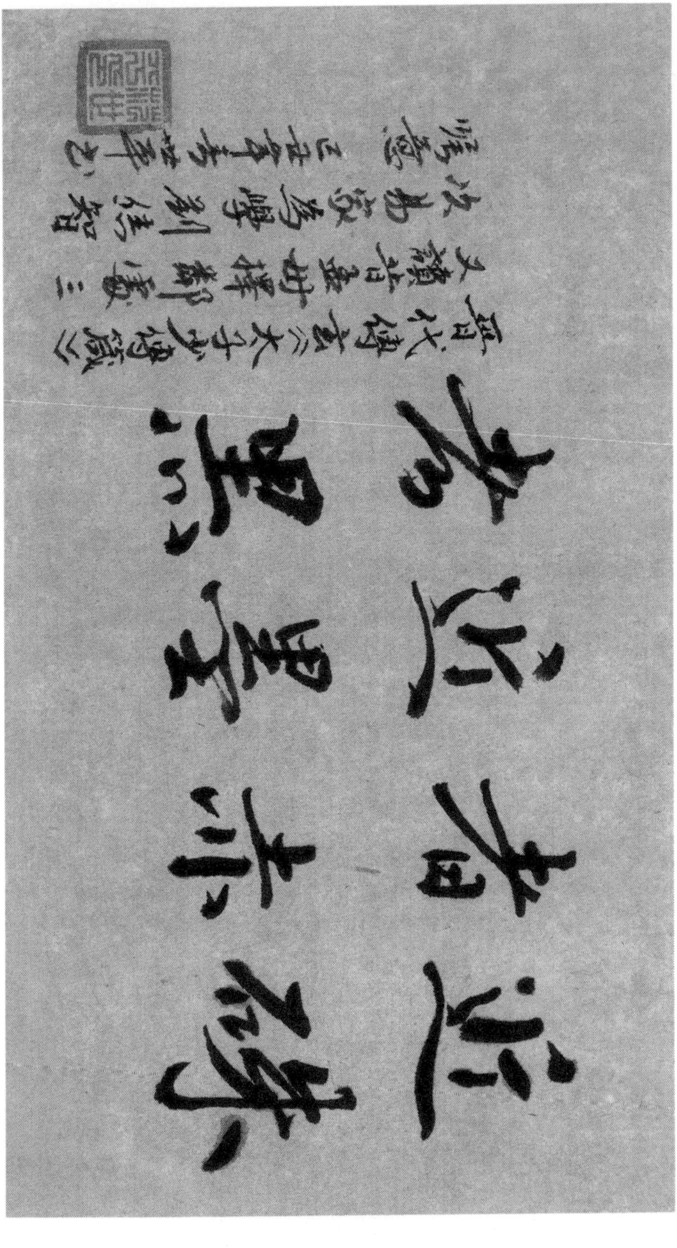

山西芮城書法家范世平作品

九十八、世平和夢雨作品

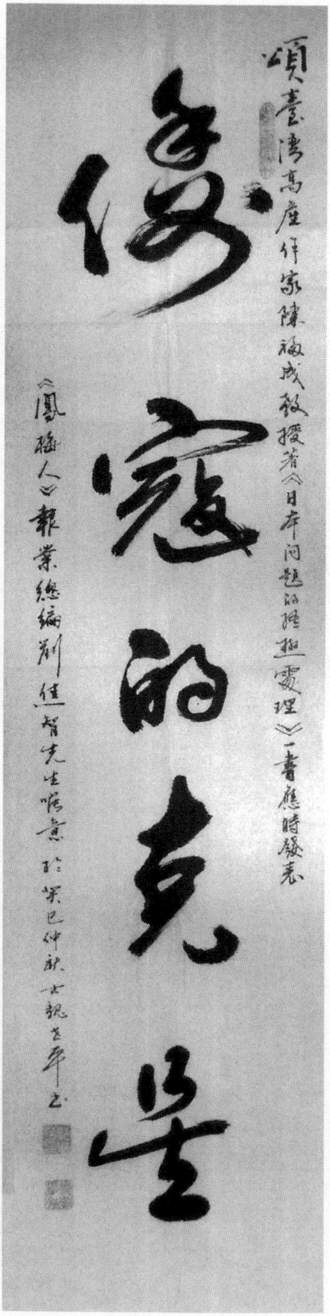

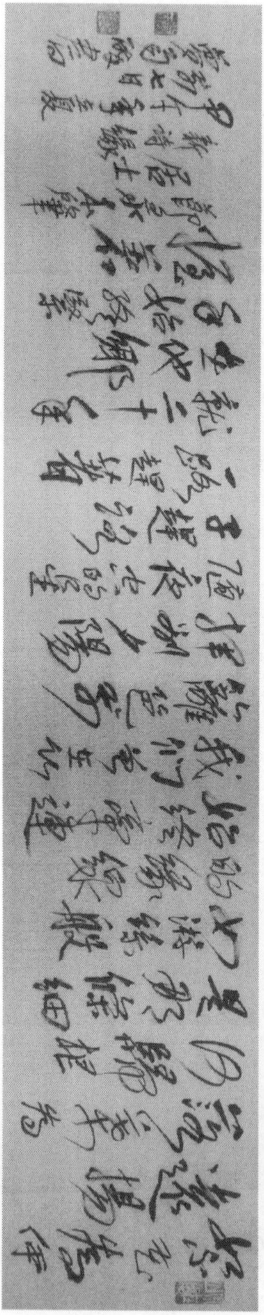

九十九、夢雨作品

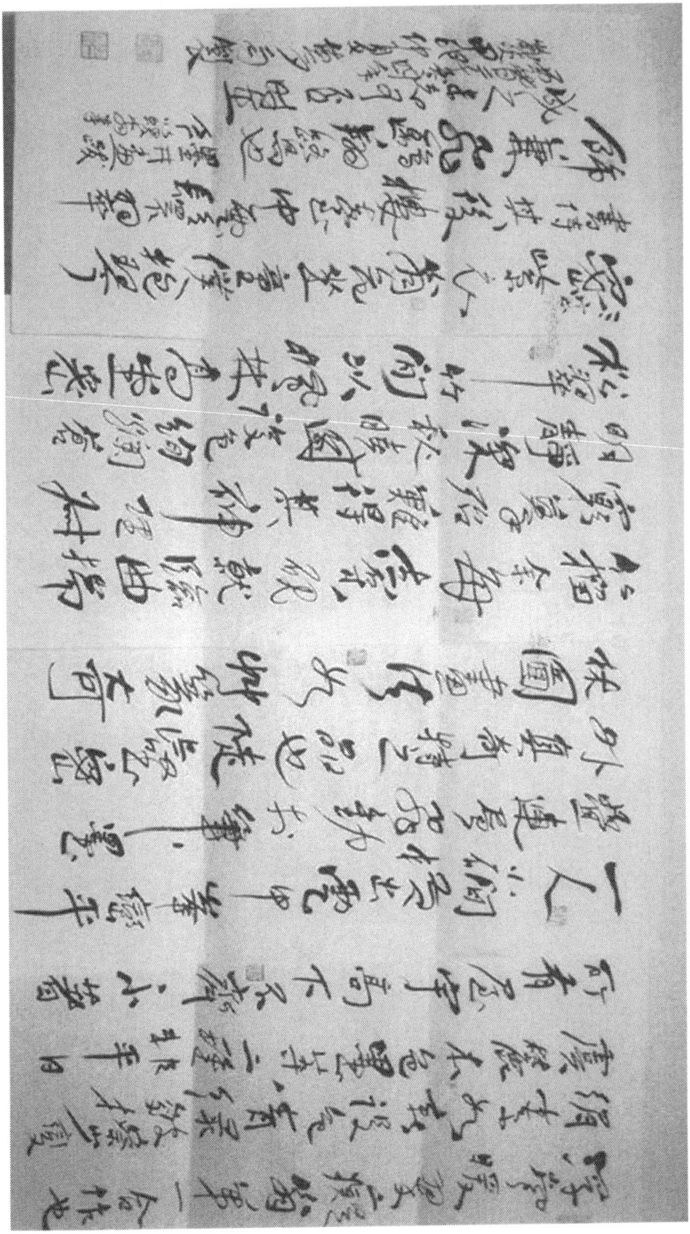

書畫家張夢雨教授作品。

一〇〇、夢雨作品

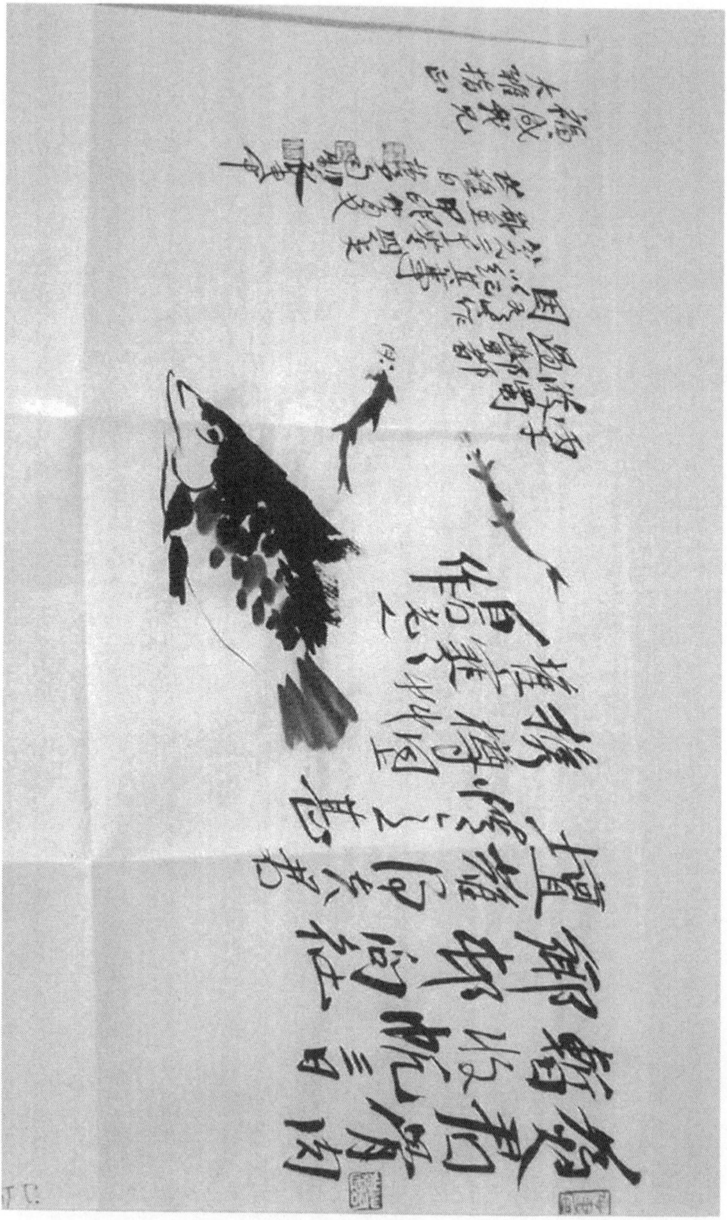

書畫家張夢雨教授作品。

陳福成 80 著編譯作品彙編總集

編號	書　　名	出版社	出版時間	定價	字數（萬）	內容性質
1	決戰閏八月：後鄧時代中共武力犯台研究	金台灣	1995.7	250	10	軍事、政治
2	防衛大臺灣：臺海安全與三軍戰略大佈局	金台灣	1995.11	350	13	軍事、戰略
3	非常傳銷學：傳銷的陷阱與突圍對策	金台灣	1996.12	250	6	傳銷、直銷
4	國家安全與情治機關的弔詭	幼　獅	1998.7	200	9	國安、情治
5	國家安全與戰略關係	時　英	2000.3	300	10	國安、戰略研究
6	尋找一座山	慧　明	2002.2	260	2	現代詩集
7	解開兩岸 10 大弔詭	黎　明	2001.12	280	10	兩岸關係
8	孫子實戰經驗研究	黎　明	2003.7	290	10	兵學
9	大陸政策與兩岸關係	黎　明	2004.3	290	10	兩岸關係
10	五十不惑：一個軍校生的半生塵影	時　英	2004.5	300	13	前傳
11	中國戰爭歷代新詮	時　英	2006.7	350	16	戰爭研究
12	中國近代黨派發展研究新詮	時　英	2006.9	350	20	中國黨派
13	中國政治思想新詮	時　英	2006.9	400	40	政治思想
14	中國四大兵法家新詮：孫子、吳起、孫臏、孔明	時　英	2006.9	350	25	兵法家
15	春秋記實	時　英	2006.9	250	2	現代詩集
16	新領導與管理實務：新叢林時代領袖群倫的智慧	時　英	2008.3	350	13	領導、管理學
17	性情世界：陳福成的情詩集	時　英	2007.2	300	2	現代詩集
18	國家安全論壇	時　英	2007.2	350	10	國安、民族戰爭
19	頓悟學習	文史哲	2007.12	260	9	人生、頓悟、啓蒙
20	春秋正義	文史哲	2007.12	300	10	春秋論文選
21	公主與王子的夢幻	文史哲	2007.12	300	10	人生、愛情
22	幻夢花開一江山	文史哲	2008.3	200	2	傳統詩集
23	一個軍校生的台大閒情	文史哲	2008.6	280	3	現代詩、散文
24	愛倫坡恐怖推理小說經典新選	文史哲	2009.2	280	10	翻譯小說
25	春秋詩選	文史哲	2009.2	380	5	現代詩集
26	神劍與屠刀（人類學論文集）	文史哲	2009.10	220	6	人類學
27	赤縣行腳・神州心旅	秀　威	2009.12	260	3	現代詩、傳統詩
28	八方風雨・性情世界	秀　威	2010.6	300	4	詩集、詩論
29	洄游的鮭魚：巴蜀返鄉記	文史哲	2010.1	300	9	詩、遊記、論文
30	古道・秋風・瘦筆	文史哲	2010.4	280	8	春秋散文
31	山西芮城劉焦智（鳳梅人）報研究	文史哲	2010.4	340	10	春秋人物
32	男人和女人的情話真話（一頁一小品）	秀　威	2010.11	250	8	男人女人人生智慧

陳福成 80 著編譯作品彙編總集

編號	書　名	出版社	出版時間	定價	字數（萬）	內容性質
33	三月詩會研究：春秋大業 18 年	文史哲	2010.12	560	12	詩社研究
34	迷情・奇謀・輪迴（合訂本）	文史哲	2011.1	760	35	警世、情色
35	找尋理想國：中國式民主政治研究要綱	文史哲	2011.2	160	3	政治
36	在「鳳梅人」小橋上：中國山西芮城三人行	文史哲	2011.4	480	13	遊記
37	我所知道的孫大公（黃埔 28 期）	文史哲	2011.4	320	10	春秋人物
38	漸陳勇士陳宏傳：他和劉學慧的傳奇故事	文史哲	2011.5	260	10	春秋人物
39	大浩劫後：倭國「天譴說」溯源探解	文史哲	2011.6	160	3	歷史、天命
40	臺北公館地區開發史	唐　山	2011.7	200	5	地方誌
41	從皈依到短期出家：另一種人生體驗	唐　山	2012.4	240	4	學佛體驗
42	第四波戰爭開山鼻祖賓拉登	文史哲	2011.7	180	3	戰爭研究
43	臺大逸仙學會：中國統一的經營	文史哲	2011.8	280	6	統一之戰
44	金秋六人行：鄭州山西之旅	文史哲	2012.3	640	15	遊記、詩
45	中國神譜：中國民間信仰之理論與實務	文史哲	2012.1	680	20	民間信仰
46	中國當代平民詩人王學忠	文史哲	2012.4	380	10	詩人、詩品
47	三月詩會 20 年紀念別集	文史哲	2012.6	420	8	詩社研究
48	臺灣邊陲之美	文史哲	2012.9	300	6	詩歌、散文
49	政治學方法論概說	文史哲	2012.9	350	8	方法研究
50	西洋政治思想史概述	文史哲	2012.9	400	10	思想史
51	與君賞玩天地寬：陳福成作品評論與迴響	文史哲	2013.5	380	9	文學、文化
52	三世因緣書畫集：芳香幾世情	文史哲	2014.1	360		書法、國畫集
53	讀詩稗記：蟾蜍山萬盛草齋文存	文史哲	2013.3	450	10	讀詩、讀史
54	嚴謹與浪漫之間：詩俠范揚松	文史哲	2013.3	540	12	春秋人物
55	臺中開發史：兼臺中龍井陳家移臺略考	文史哲	2012.11	440	12	地方誌
56	最自在的是彩霞：台大退休人員聯誼會	文史哲	2012.9	300	8	台大校園
57	古晟的誕生：陳福成 60 詩選	文史哲	2013.4	440	3	現代詩集
58	台大教官興衰錄：我的軍訓教官經驗回顧	文史哲	2013.10	360	8	台大、教官
59	為中華民族的生存發展集百書疏：孫大公的思想主張書函手稿	文史哲	2013.7	480	10	書簡
60	把腳印典藏在雲端：三月詩會詩人手稿詩	文史哲	2014.2	540	3	手稿詩
61	英文單字研究：徹底理解英文單字記憶法	文史哲	2013.10	200	7	英文字研究
62	迷航記：黃埔情暨陸官 44 期一些閒話	文史哲	2013.5	500	10	軍旅記事
63	天帝教的中華文化意涵：掬一瓢《教訊》品天香	文史哲	2013.8	420	10	宗教思想
64	一信詩學研究：徐榮慶的文學生命風華	文史哲	2013.7	480	15	文學研究

陳福成 80 著編譯作品彙編總集

編號	書　名	出版社	出版時間	定價	字數（萬）	內容性質
65	「日本問題」的終極處理 — 廿一世紀中國人的天命與扶桑省建設要綱	文史哲	2013.7	140	2	民族安全
66	留住末代書寫的身影：三月詩會詩人往來書簡	文史哲	2014.8	600	6	書簡、手稿
67	台北的前世今生：圖文說台北開發的故事	文史哲	2014.1	500	10	台北開發、史前史
68	奴婢妾匪到革命家之路：復興廣播電台謝雪紅訪講錄	文史哲	2014.2	700	25	重新定位謝雪紅
69	台北公館台大地區考古・導覽：圖文說公館台大的前世今生	文史哲	2014.5	440	10	考古・導覽
70	那些年我們是這樣寫情書的	文史哲	2015.1	480	15	書信、情書
71	那些年我們是這樣談戀愛的	文史哲				
72	我的革命檔案	文史哲	2014.5	420	4	革命檔案
73	我這一輩子幹了些什麼好事	文史哲	2014.8	500	4	人生記錄
74	最後一代書寫的身影：陳福成的往來殘簡殘存集	文史哲	2014.9	580	10	書簡
75	「外公」和「外婆」的詩	文史哲	2014.7	360	2	現代詩集
76	中國全民民主統一會北京行：兼全統會現況和發展	文史哲	2014.7	400	5	
77	六十後詩雜記現代詩集	文史哲	2014.6	340	2	現代詩集
78	胡爾泰現代詩臆說：發現一個詩人的桃花源	文史哲	2014.5	380	8	現代詩欣賞
79	從魯迅文學醫人魂救國魂說起：兼論中國新詩的精神重建	文史哲	2014.5	260	10	文學
80	洪門、青幫與哥老會研究：兼論中國近代秘密會黨	文史哲	2014.11	500	10	秘密會黨
81	台灣大學退休人員聯誼會第九屆理事長實記	文史哲			10	行誼・記錄
82	梁又平事件後：佛法對治風暴的沈思與學習	文史哲	2014.11	320	7	事件・人生
83						
84						
85						
86						
87						
88						
89						
90						
91						
92						
93						
94						

陳福成國防通識課程著編及其他作品

（各級學校教科書及其他）

編號	書　　名	出版社	教育部審定
1	國家安全概論（大學院校用）	幼　獅	民國 86 年
2	國家安全概述（高中職、專科用）	幼　獅	民國 86 年
3	國家安全概論（台灣大學專用書）	台　大	（台大不送審）
4	軍事研究（大專院校用）	全　華	民國 95 年
5	國防通識（第一冊、高中學生用）	龍　騰	民國 94 年課程要綱
6	國防通識（第二冊、高中學生用）	龍　騰	同
7	國防通識（第三冊、高中學生用）	龍　騰	同
8	國防通識（第四冊、高中學生用）	龍　騰	同
9	國防通識（第一冊、教師專用）	龍　騰	同
10	國防通識（第二冊、教師專用）	龍　騰	同
11	國防通識（第三冊、教師專用）	龍　騰	同
12	國防通識（第四冊、教師專用）	龍　騰	同
13	臺灣大學退休人員聯誼會會務通訊	文史哲	

註：以上除編號 4，餘均非賣品，編號 4 至 12 均合著。
編號 13 定價一千元。